The Encyclopedia of
MANDOLIN CHORDS

Over 1,000 standard chord forms presented in easy-to-read diagrams.

Amsco Publications
New York/London/Paris/Sydney/Copenhagen/Berlin/Tokyo/Madrid

Cover photography by Randall Wallace
Project editor: Ed Lozano
Compiled by Bob Grant

Order No. AM 979033
US International Standard Book Number: 0.8256.2874.1
UK International Standard Book Number: 1.84449.322.9

Exclusive Distributors:
Music Sales Corporation
257 Park Avenue South, New York, NY 10010 USA
Music Sales Limited
8/9 Frith Street, London W1D 3JB England
Music Sales Pty. Limited
120 Rothschild Street, Rosebery, Sydney, NSW 2018, Australia

Printed in the United States of America by
Vicks Lithograph and Printing Corporation

Introduction

This book is a reference guide for mandolin players.
It is not intended as a method book, but rather as a reference book of chords that are accessible to the beginner and advanced player alike. Strong chord knowledge will help build familiarity with the fretboard and help develop flexibility in solo, accompaniment, and ensemble playing.

How to Use This Book

It is strongly recommended that you develop a practice regimen which you devote some time to chord study.

Here are some helpful tips:

Above each chord grid you'll find the name of the chord and to the right you'll find the chord spelled out on the treble staff.

Below each chord grid you'll find the note names and scale degrees that make up that particular chord.

Each chord has several variations that extend the length of the fretboard. Each variation is presented from the lowest position on the neck to the highest position on the neck.

Use the following legend to construct the desired chord.

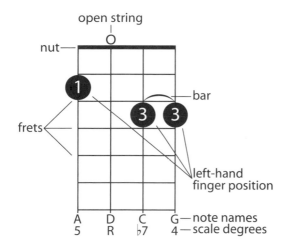

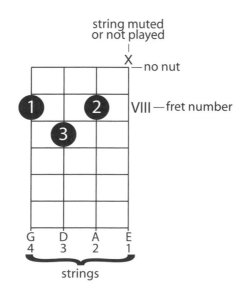

C

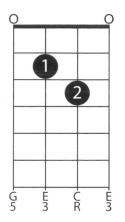

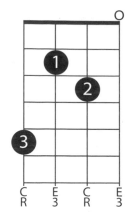

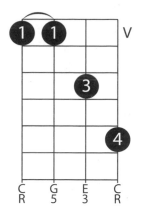

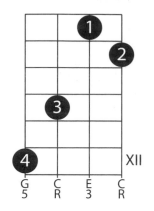

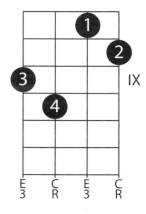

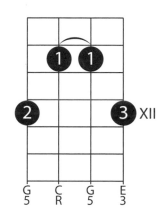

Csus4

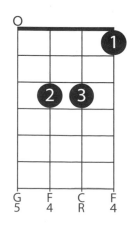

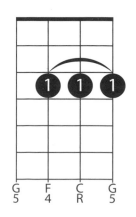

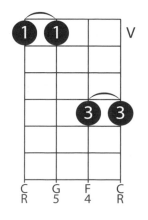

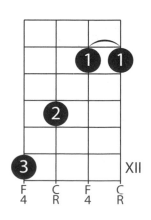

C6

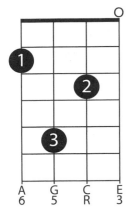
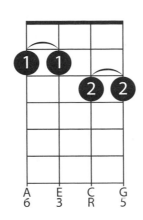
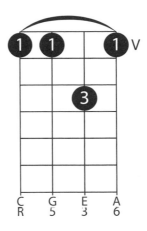
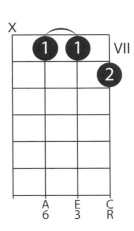

C6/9

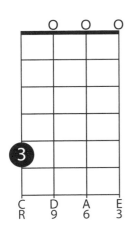
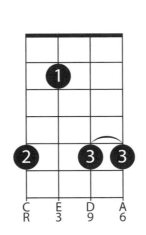
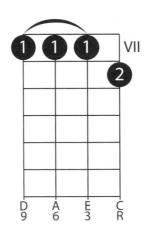
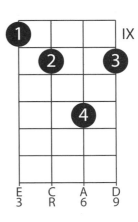

Cmaj7

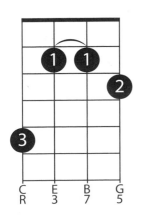
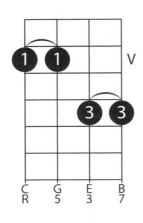
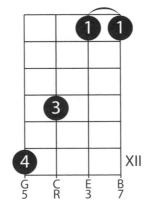
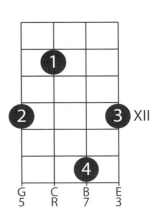

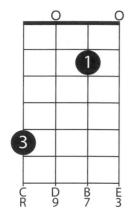

C

Cmaj9

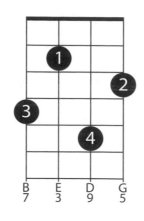

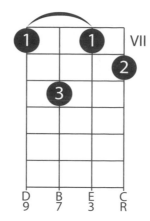

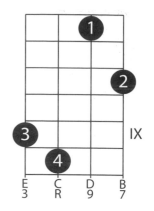

Cmaj13

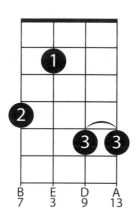

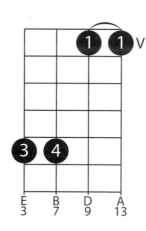

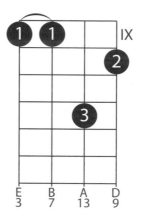

Cm

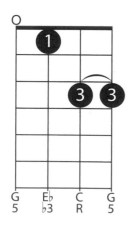

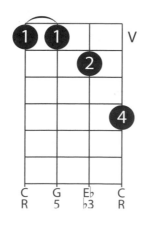

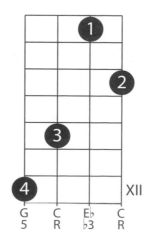

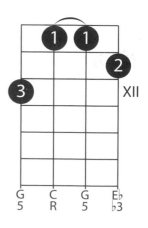

Cm6

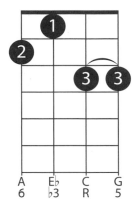

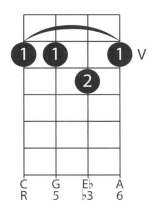

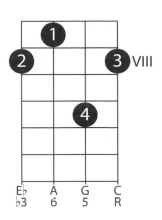

Cm7

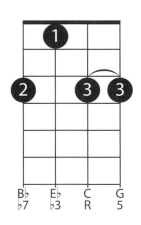

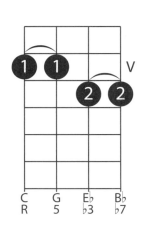

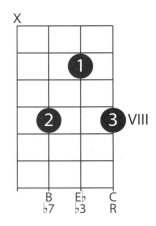

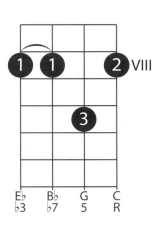

Cm(maj7)

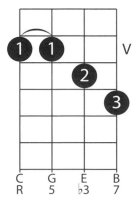

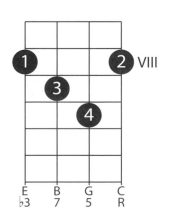

Cm9

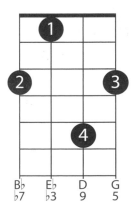

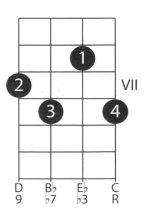

Cm11

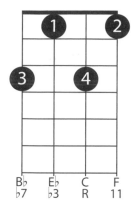

Bb E♭ C F
♭7 ♭3 R 11

Eb Bb F C
♭3 ♭7 11 R
VIII

Cm13

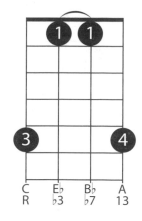

C E♭ B♭ A
R ♭3 ♭7 13

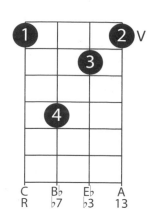

C Bb E♭ A
R ♭7 ♭3 13
V

Cm7♭5

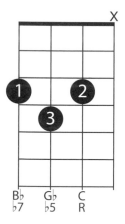

X

Bb G♭ C
♭7 ♭5 R

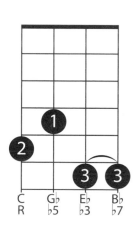

C G♭ E♭ Bb
R ♭5 ♭3 ♭7

C°7

Bbb E♭ C G♭
♭♭5 ♭3 R ♭5

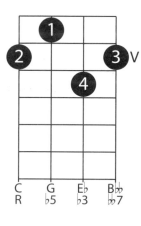

C G E♭ Bbb
R ♭5 ♭3 ♭♭7
V

C7

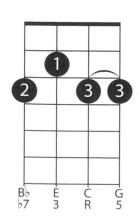

Bb E C G
♭7 3 R 5

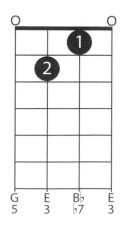
O   O

G E Bb E
5 3 ♭7 3

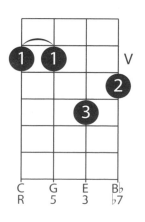

C G E Bb
R 5 3 ♭7
V

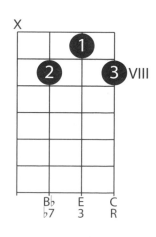
X

Bb E C
♭7 3 R
VIII

C7

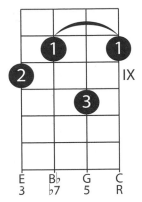

IX

E Bb G C
3 b7 5 R

G C Bb E
5 R b7 3

XII

C7sus4

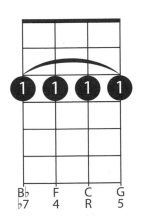

Bb F C G
b7 4 R 5

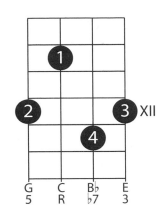

V

C G F Bb
R 5 4 b7

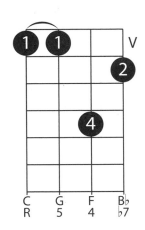

XII

G C Bb F
5 R b7 4

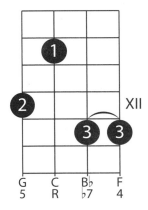

X

F Bb G C
4 b7 5 R

C7b5

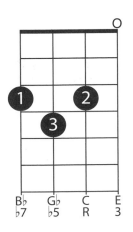

O

Bb Gb C E
b7 b5 R 3

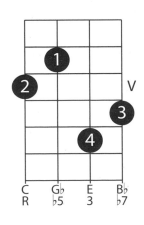

V

C Gb E Bb
R b5 3 b7

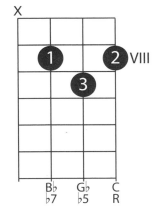

X

Bb Gb C
b7 b5 R

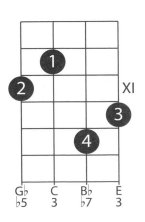

XI

Gb C Bb E
b5 3 b7 3

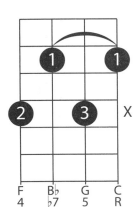

C7+

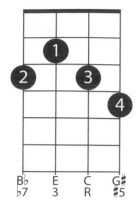
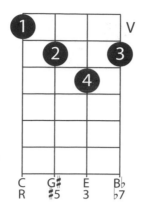
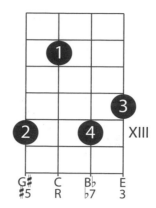

C9

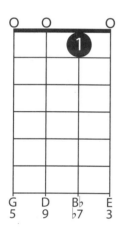
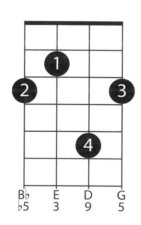
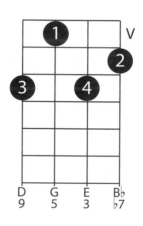
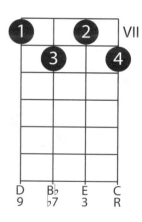

C9sus4

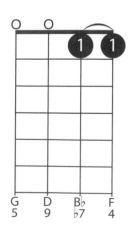
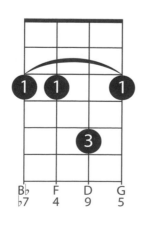
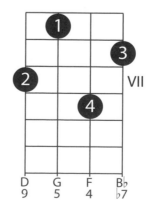
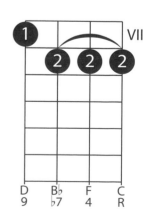

C9♭5

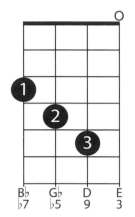

Bb Gb D E
b7 b5 9 3

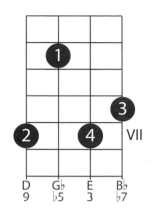

D Gb E Bb
9 b5 3 b7

Gb D Bb E
b5 9 b7 3

C9+

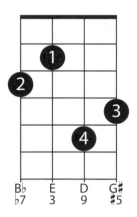

Bb E D G#
b7 3 9 #5

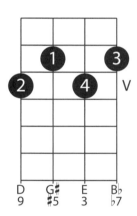

D G# E Bb
9 #5 3 b7

C13

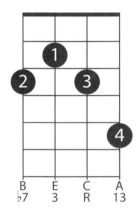

B E C A
b7 3 R 13

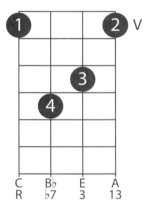

C Bb E A
R b7 3 13

C♯

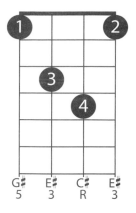

G♯	E♯	C♯	E♯
5	3	R	3

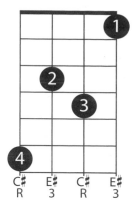

C♯	E♯	C♯	E♯
R	3	R	3

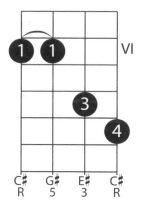

VI

C♯	G♯	E♯	C♯
R	5	3	R

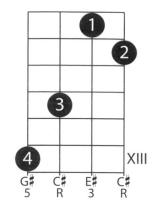

XIII

G♯	C♯	E♯	C♯
5	R	3	R

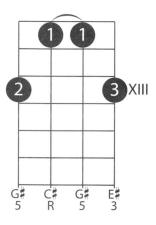

XIII

G♯	C♯	G♯	E♯
5	R	5	3

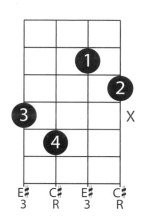

X

E♯	C♯	E♯	C♯
3	R	3	R

C♯sus4

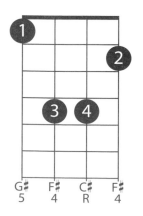

G♯	F♯	C♯	F♯
5	4	R	4

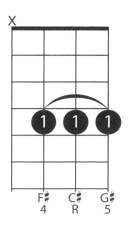

X

F♯	C♯	G♯
4	R	5

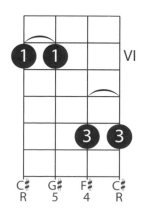

VI

C♯	G♯	F♯	C♯
R	5	4	R

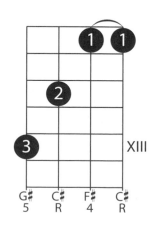

XIII

G♯	C♯	F♯	C♯
5	R	4	R

12

C♯6

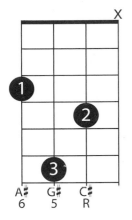

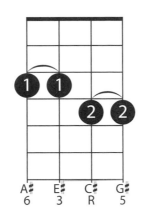

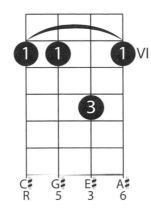

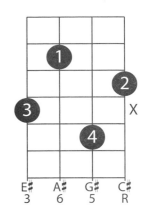

C♯⁶₉

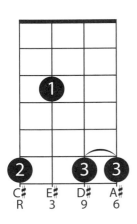

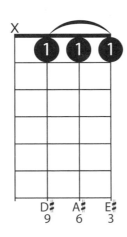

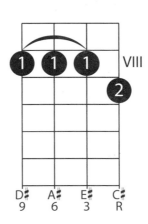

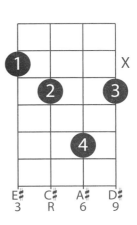

C♯maj7

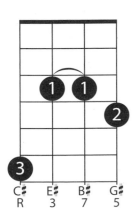

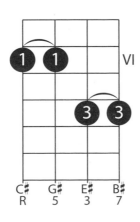

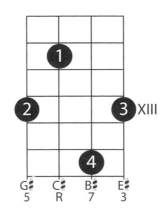

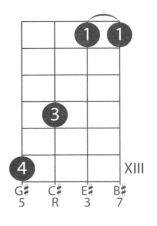

C#maj9

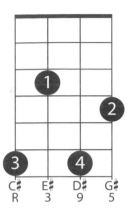
C# E# D# G#
R 3 9 5

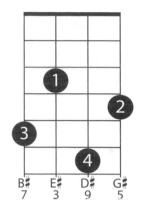
B# E# D# G#
7 3 9 5

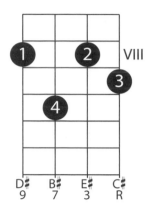
D# B# E# C#
9 7 3 R
VIII

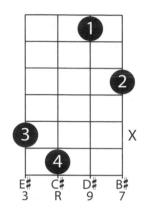
E# C# D# B#
3 R 9 7
X

C#maj13

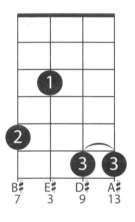
B# E# D# A#
7 3 9 13

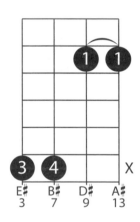
E# B# D# A#
3 7 9 13
X

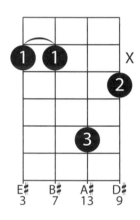
E# B# A# D#
3 7 13 9
X

C#m

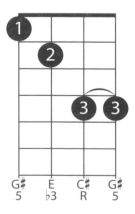
G# E C# G#
5 b3 R 5

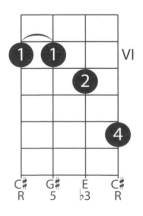
C# G# E C#
R 5 b3 R
VI

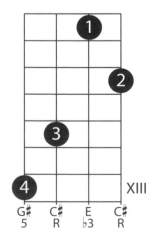
G# C# E C#
5 R b3 R
XIII

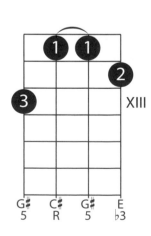
G# C# G# E
5 R 5 b3
XIII

C#m6

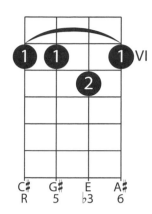

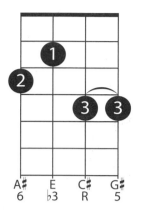

A# E C# G#
6 ♭3 R 5

X

A# E C#
6 ♭3 R
VIII

C# G# E A#
R 5 ♭3 6
VI

E A# G# C#
♭3 6 5 R
IX

C#m7

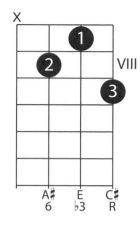

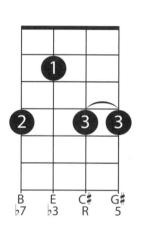

B E C# G#
♭7 ♭3 R 5

X

B E C#
♭7 ♭3 R
IX

C# G# E B
R 5 ♭3 ♭7
VI

E B G# C#
♭3 ♭7 5 R
IX

C#m(maj7)

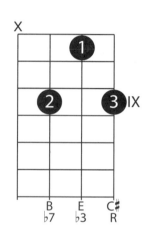

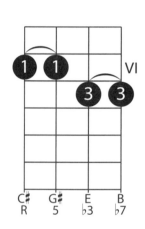

C# G# E B#
R 5 ♭3 7
VI

E B# G# C#
♭3 7 5 R
IX

C#m9

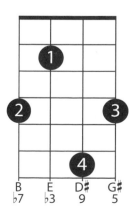

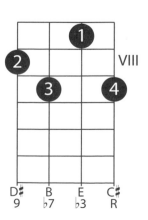

B E D# G#
♭7 ♭3 9 5

D# B E C#
9 ♭7 ♭3 R
VIII

C#m11

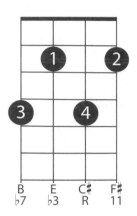

B	E	C#	F#
b7	b3	R	11

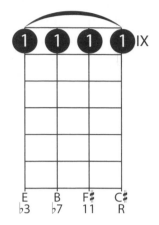 IX

E	B	F#	C#
b3	b7	11	R

C#m13

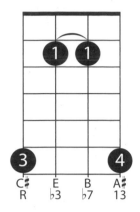

C#	E	B	A#
R	b3	b7	13

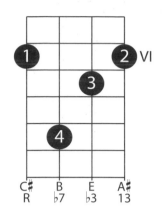 VI

C#	B	E	A#
R	b7	b3	13

C#m7b5

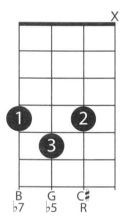

B	G	C#
b7	b5	R

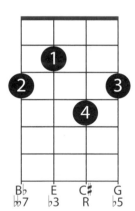 V

C#	G	E	B
R	b5	b3	b7

C#°7

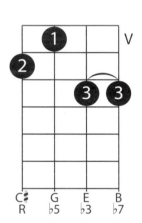

Bb	E	C#	G
bb7	b3	R	b5

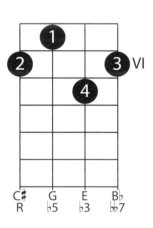 VI

C#	G	E	Bb
R	b5	b3	bb7

C#7

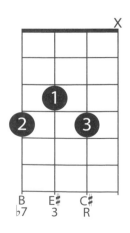

B	E#	C#
b7	3	R

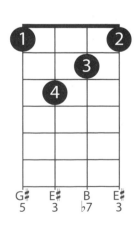

G#	E#	B	E#
5	3	b7	3

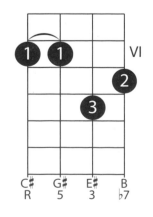 VI

C#	G#	E#	B
R	5	3	b7

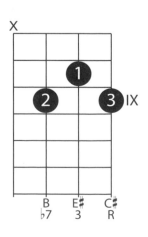 IX

B	E#	C#
b7	3	R

C#7

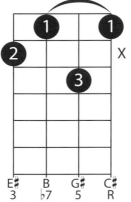

E# B G# C#
3 b7 5 R

G# C# B E#
5 R b7 3

XIII

X

C#7sus4

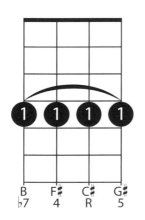

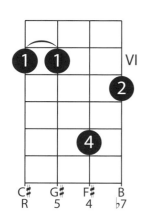

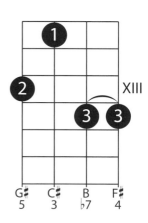

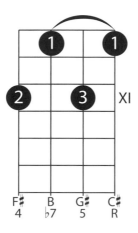

B F# C# G#
b7 4 R 5

C# G# F# B
R 5 4 b7

VI

G# C# B F#
5 3 b7 4

XIII

F# B G# C#
4 b7 5 R

XI

C#7b5

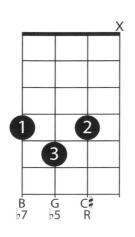

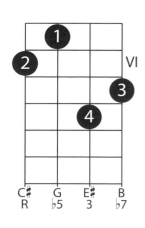

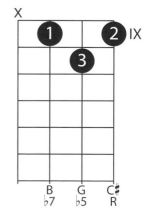

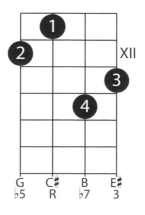

B G C#
b7 b5 R

X

C# G E# B
R b5 3 b7

VI

B G C#
b7 b5 R

X

IX

G C# B E#
b5 R b7 3

XII

C#7+

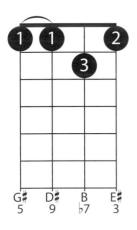

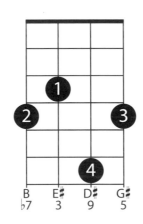

B	E#	C#	Gx
b7	3	R	#5

Gx	E#	B
#5	3	b7

C#	Gx	E#	B
R	#5	3	b7

C#9

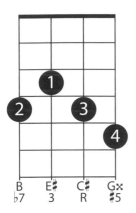

G#	D#	B	E#
5	9	b7	3

B	E#	D#	G#
b7	3	9	5

D#	B	E#	C#
9	b7	3	R

D#	G#	E#	B
9	5	3	b7

C#9sus4

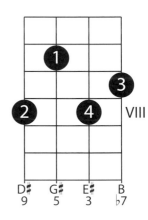

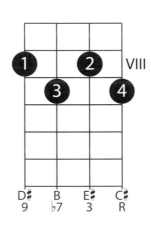

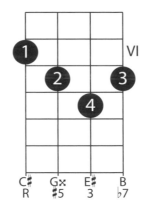

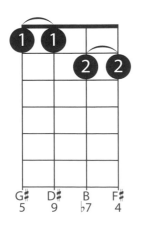

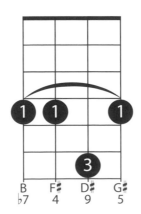

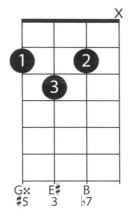

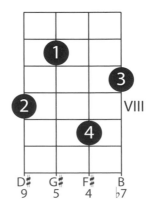

G#	D#	B	F#
5	9	b7	4

B	F#	D#	G#
b7	4	9	5

D#	G#	F#	B
9	5	4	b7

D#	B	F#	C#
9	b7	4	R

18

C#9♭5

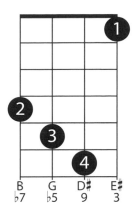

B	G	D#	E#
♭7	♭5	9	3

G	D#	B	E#
♭5	9	♭7	3

D#	G	E#	B
9	♭5	3	♭7

C#9+

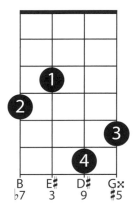

B	E#	D#	G×
♭7	3	9	#5

D#	G×	E#	B
9	#5	3	♭7

C#13

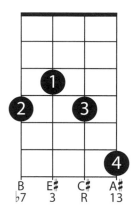

B	E#	C#	A#
♭7	3	R	13

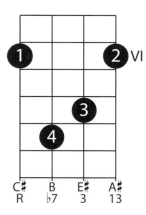

C#	B	E#	A#
R	♭7	3	13

D

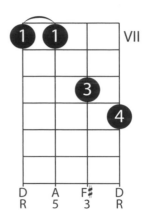

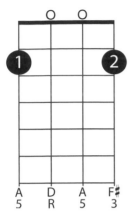

A 5 | D R | A 5 | F# 3

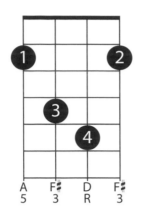

A 5 | F# 3 | D R | F# 3

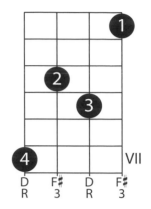

VII

D R | A 5 | F# 3 | D R

D R | F# 3 | D R | F# 3

VII

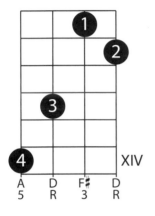

A 5 | D R | F# 3 | D R

XIV

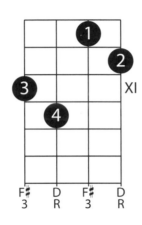

XI

F# 3 | D R | F# 3 | D R

Dsus4

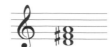

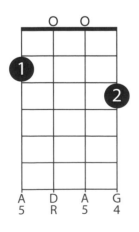

A 5 | D R | A 5 | G 4

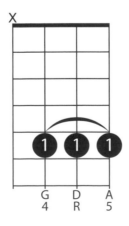

X

G 4 | D R | A 5

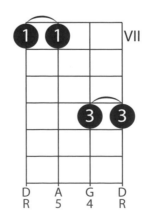

VII

D R | A 5 | G 4 | D R

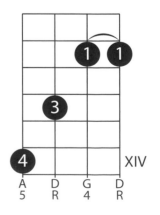

A 5 | D R | G 4 | D R

XIV

D6

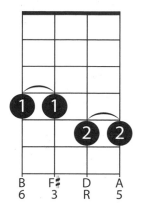

B 6 / F# 3 / D R / A 5

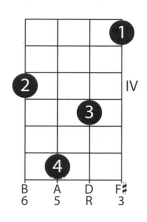

IV

B 6 / A 5 / D R / F# 3

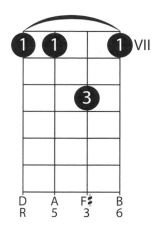

VII

D R / A 5 / F# 3 / B 6

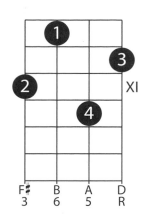

XI

F# 3 / B 6 / A 5 / D R

D6/9

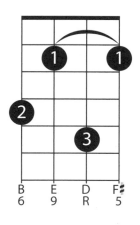

B 6 / E 9 / D R / F# 5

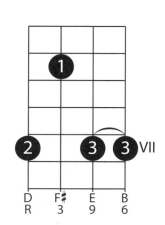

VII

D R / F# 3 / E 9 / B 6

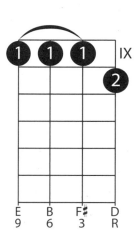

IX

E 9 / B 6 / F# 3 / D R

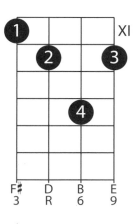

XI

F# 3 / D R / B 6 / E 9

Dmaj7

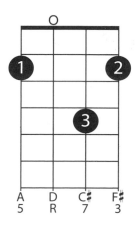

O

A 5 / D R / C# 7 / F# 3

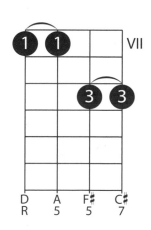

VII

D R / A 5 / F# 5 / C# 7

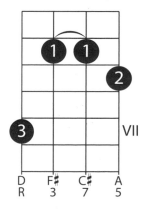

VII

D R / F# 3 / C# 7 / A 5

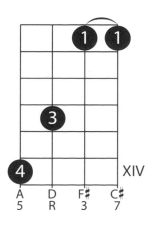

XIV

A 5 / D R / F# 3 / C# 7

D

21

D

Dmaj9

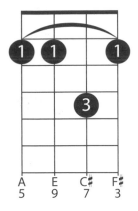

A	E	C#	F#
5	9	7	3

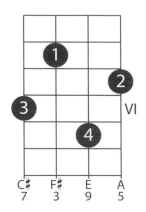

C#	F#	E	A
7	3	9	5

VI

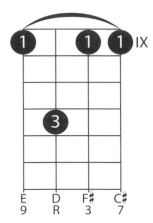

IX

E	D	F#	C#
9	R	3	7

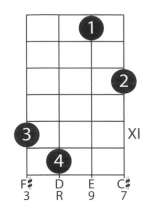

XI

F#	D	E	C#
3	R	9	7

Dmaj13

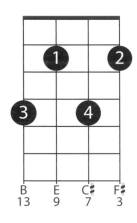

B	E	C#	F#
13	9	7	3

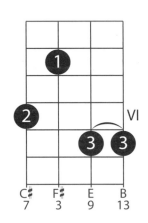

VI

C#	F#	E	B
7	3	9	13

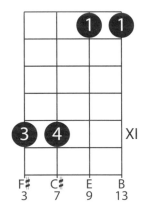

XI

XI

F#	C#	E	B
3	7	9	13

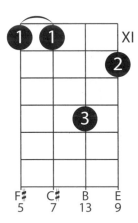

XI

F#	C#	B	E
5	7	13	9

Dm

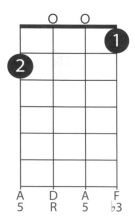

A	D	A	F
5	R	5	b3

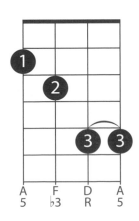

A	F	D	A
5	b3	R	5

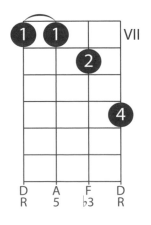

VII

D	A	F	D
R	5	b3	R

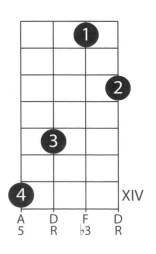

XIV

A	D	F	D
5	R	b3	R

Dm6

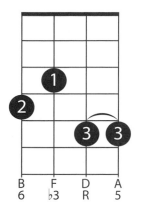

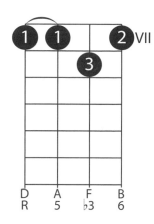

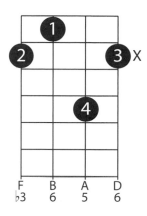

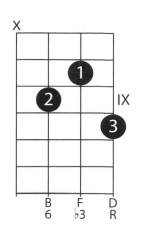

Dm7

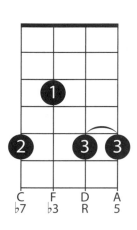

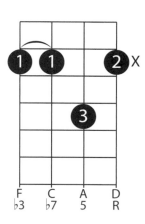

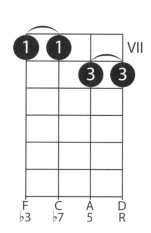

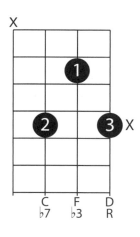

Dm(maj7)

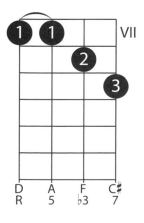

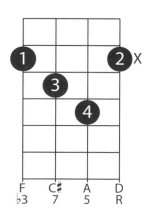

Dm9

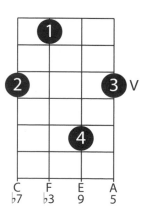

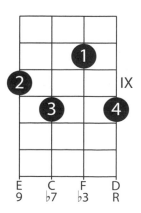

D

Dm11

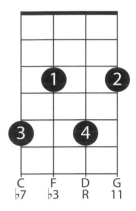

C	F	D	G
♭7	♭3	R	11

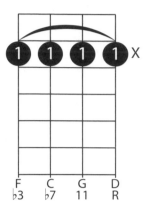

F	C	G	D
♭3	♭7	11	R

Dm13

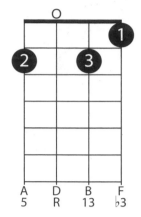

A	D	B	F
5	R	13	♭3

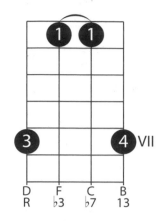

D	F	C	B
R	♭3	♭7	13

Dm7♭5

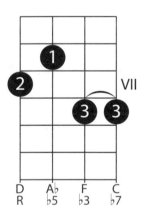

D	A♭	F	C
R	♭5	♭3	♭7

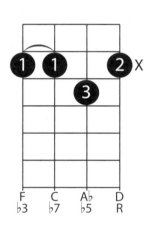

F	C	A♭	D
♭3	♭7	♭5	R

D°7

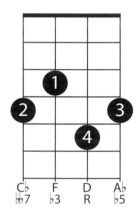

C♭	F	D	A♭
♭♭7	♭3	R	♭5

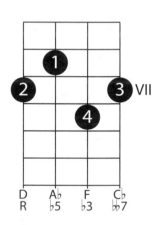

D	A♭	F	C♭
R	♭5	♭3	♭♭7

D7

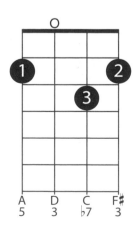

A	D	C	F#
5	3	♭7	3

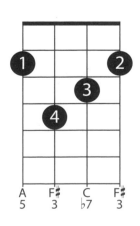

A	F#	C	F#
5	3	♭7	3

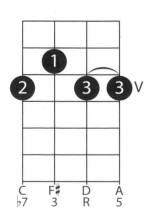

C	F#	D	A
♭7	3	R	5

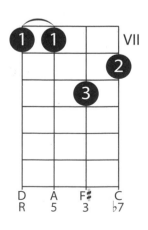

D	A	F#	C
R	5	3	♭7

D7

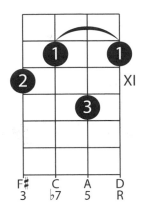

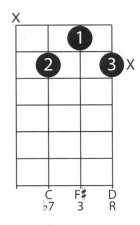

F# C A D
3 ♭7 5 R

C F# D
♭7 3 R

D7sus4

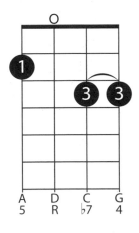

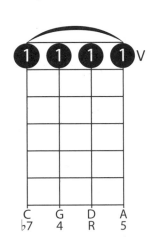

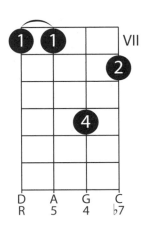

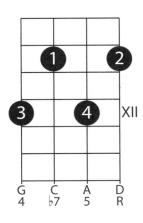

A D C G
5 R ♭7 4

C G D A
♭7 4 R 5

D A G C
R 5 4 ♭7

G C A D
4 ♭7 5 R

D7♭5

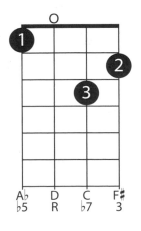

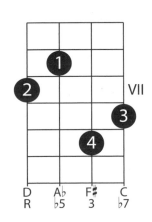

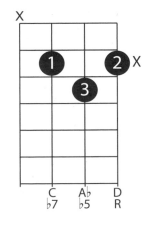

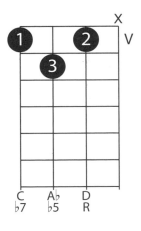

A♭ D C F#
♭5 R ♭7 3

D A♭ F# C
R ♭5 3 ♭7

C A♭ D
♭7 ♭5 R

C A♭ D
♭7 ♭5 R

D7+

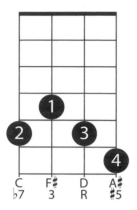 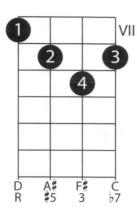

C	F#	D	A#
b7	3	R	#5

D	A#	F#	C
R	#5	3	b7

A#	D	C	F#
#5	R	b7	3

D9

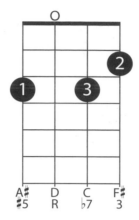

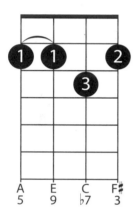 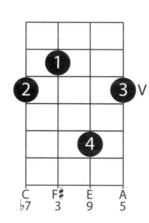 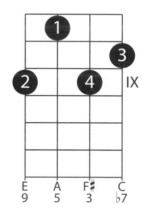 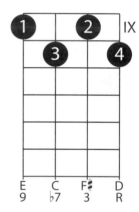

A	E	C	F#
5	9	b7	3

C	F#	E	A
b7	3	9	5

E	A	F#	C
9	5	3	b7

E	C	F#	D
9	b7	3	R

D9sus4

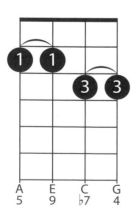 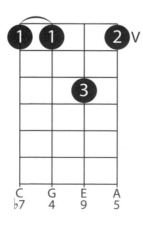 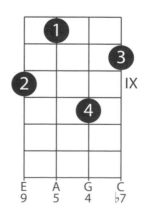 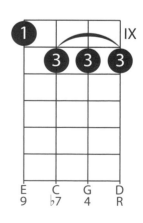

A	E	C	G
5	9	b7	4

C	G	E	A
b7	4	9	5

E	A	G	C
9	5	4	b7

E	C	G	D
9	b7	4	R

D9♭5

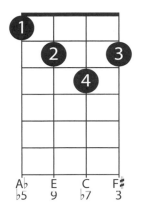

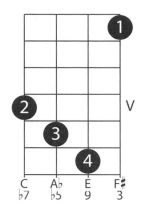

V

IX

A♭	E	C	F#
♭5	9	♭7	3

C	A♭	E	F#
♭7	♭5	9	3

E	A♭	F#	C
9	♭5	3	♭7

D

D9+

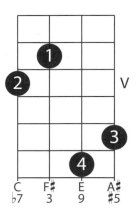

V

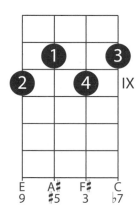

IX

C	F#	E	A#
♭7	3	9	#5

E	A#	F#	C
9	#5	3	♭7

D13

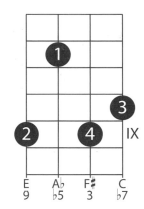

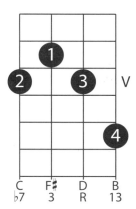

V

VII

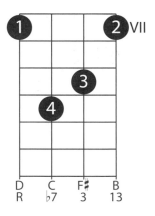

C	F#	D	B
♭7	3	R	13

D	C	F#	B
R	♭7	3	13

Eb

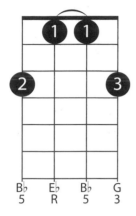

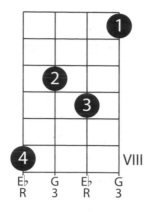

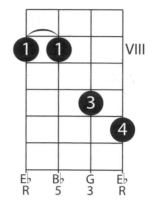

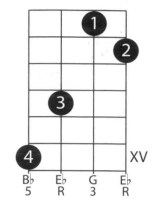

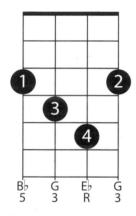

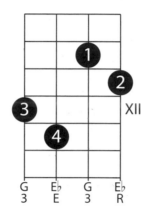

Ebsus4

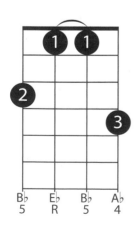

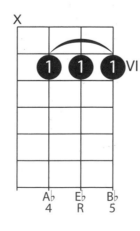

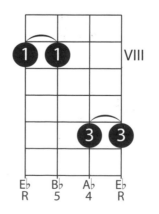

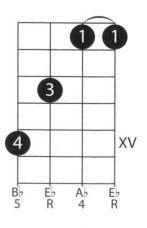

E♭6

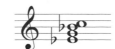

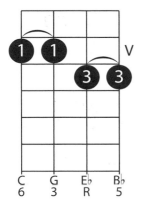

C G E♭ B♭
6 3 R 5

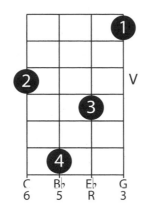

V

C B♭ E♭ G
6 5 R 3

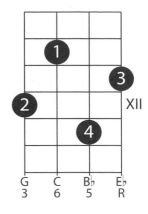

VIII

E♭ B♭ G C
R 5 3 6

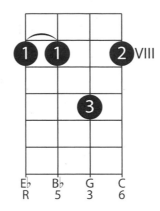

XII

G C B♭ E♭
3 6 5 R

E♭⁶⁄₉

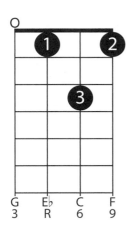

O

G E♭ C F
3 R 6 9

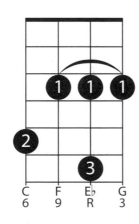

C F E♭ G
6 9 R 3

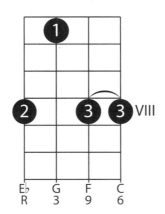

VIII

E♭ G F C
R 3 9 6

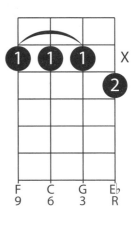

X

F C G E♭
9 6 3 R

E♭maj7

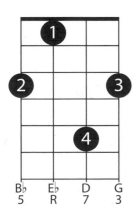

B♭ E♭ D G
5 R 7 3

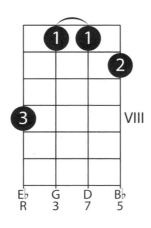

VIII

E♭ G D B♭
R 3 7 5

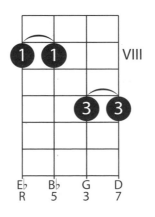

VIII

E♭ B♭ G D
R 5 3 7

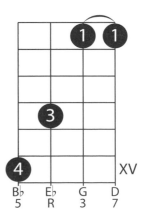

XV

B♭ E♭ G D
5 R 3 7

29

E♭maj9

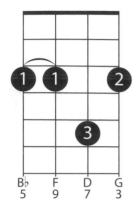
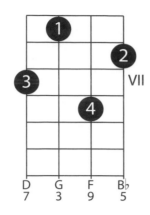
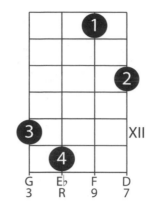
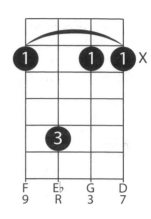

B♭	F	D	G
5	9	7	3

D	G	F	B♭
7	3	9	5

VII

G	E♭	F	D
3	R	9	7

XII

F	E♭	G	D
9	R	3	7

X

E♭maj13

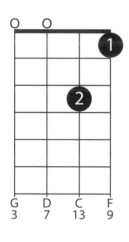
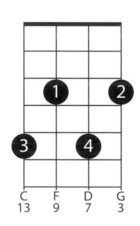
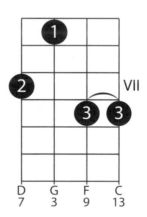
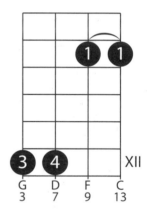

G	D	C	F
3	7	13	9

C	F	D	G
13	9	7	3

VII

D	G	F	C
7	3	9	13

XII

G	D	F	C
3	7	9	13

E♭m

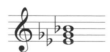

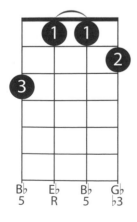
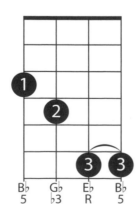
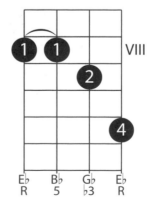
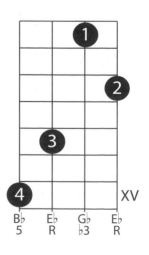

B♭	E♭	B♭	G♭
5	R	5	♭3

B♭	G♭	E♭	B♭
5	♭3	R	5

E♭	B♭	G♭	E♭
R	5	♭3	R

VIII

B♭	E♭	G♭	E♭
5	R	♭3	R

XV

E♭m6

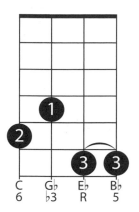

C	G♭	E♭	B♭
6	♭3	R	5

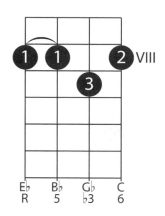

VIII

E♭	B♭	G♭	C
R	5	♭3	6

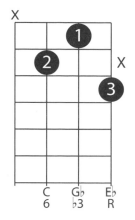

C	G♭	E♭
6	♭3	R

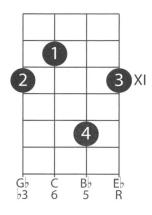

XI

G♭	C	B♭	E♭
♭3	6	5	R

E♭

E♭m7

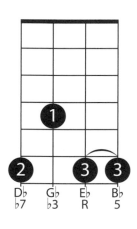

D♭	G♭	E♭	B♭
♭7	♭3	R	5

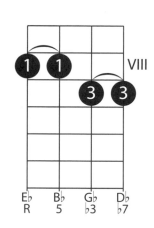

VIII

E♭	B♭	G♭	D♭
R	5	♭3	♭7

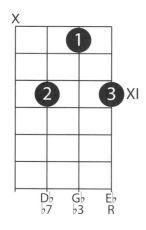

XI

D♭	G♭	E♭
♭7	♭3	R

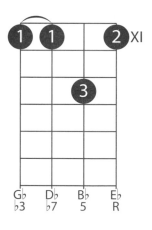

XI

G♭	D♭	B♭	E♭
♭3	♭7	5	R

E♭m(maj7)

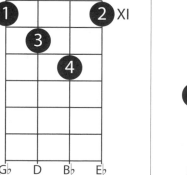

VIII

E♭	B♭	G♭	D
R	5	♭3	7

XI

G♭	D	B♭	E♭
♭3	7	5	R

E♭m9

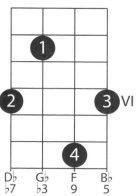

VI

D♭	G♭	F	B♭
♭7	♭3	9	5

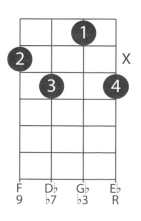

X

F	D♭	G♭	E♭
9	♭7	♭3	R

Ebm11

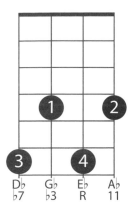

Db	Gb	Eb	Ab
b7	b3	R	11

Gb	Db	Ab	Eb
b3	b7	11	R

XI

Ebm13

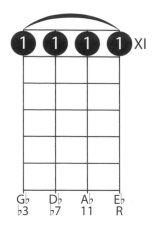

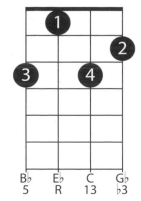

Bb	Eb	C	Gb
5	R	13	b3

Eb	Gb	Db	C
R	b3	b7	13

VIII

Ebm7b5

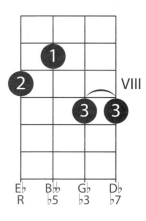

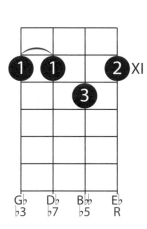

Eb	Bbb	Gb	Db
R	b5	b3	b7

VIII

Gb	Db	Bbb	Eb
b3	b7	b5	R

XI

Eb°7

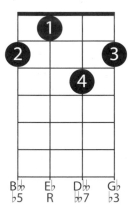

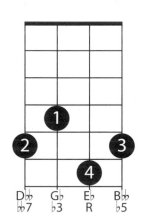

Bbb	Eb	Dbb	Gb
b5	R	bb7	b3

Dbb	Gb	Eb	Bbb
bb7	b3	R	b5

Eb7

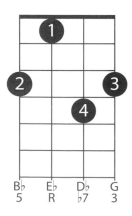

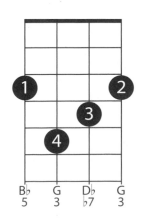

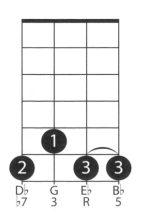

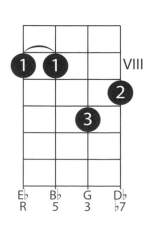

Bb	Eb	Db	G
5	R	b7	3

Bb	G	Db	G
5	3	b7	3

Db	G	Eb	Bb
b7	3	R	5

Eb	Bb	G	Db
R	5	3	b7

VIII

E♭7

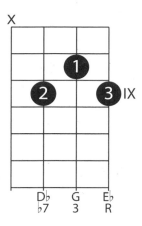

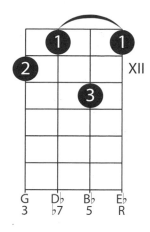

E♭7sus4

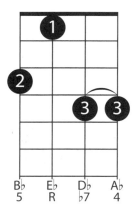

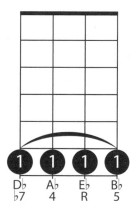

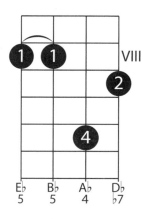

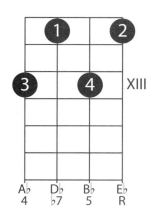

E♭7♭5

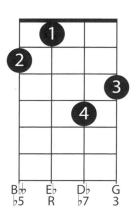

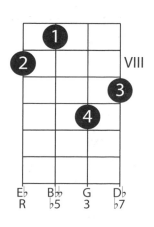

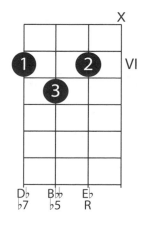

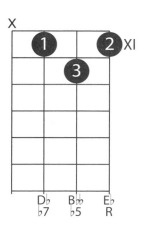

E♭7+

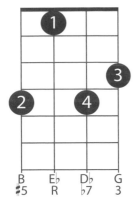

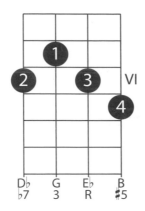

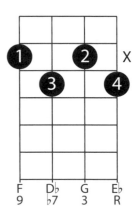

E♭9

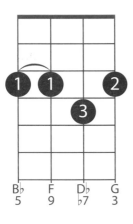

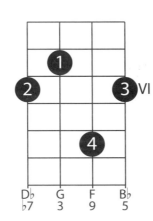

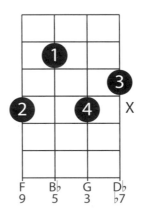

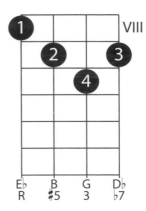

E♭9sus4

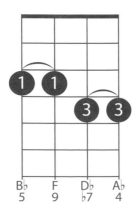

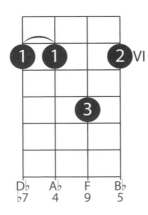

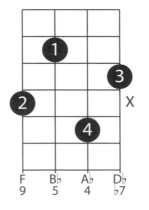

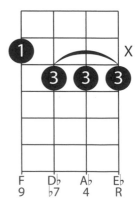

E♭9♭5

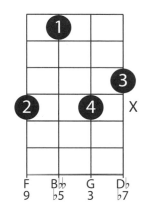

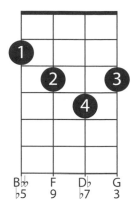

B♭♭   F   D♭   G
♭5   9   ♭7   3

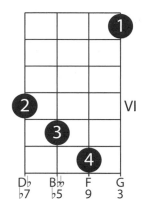

D♭   B♭♭   F   G   VI
♭7   ♭5   9   3

F   B♭♭   G   D♭   X
9   ♭5   3   ♭7

E♭9+

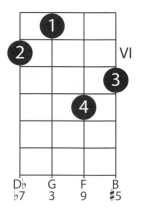

D♭   G   F   B   VI
♭7   3   9   #5

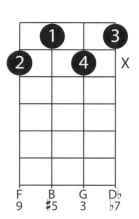

F   B   G   D♭   X
9   #5   3   ♭7

E♭13

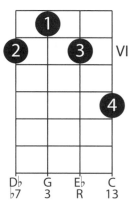

D♭   G   E♭   C   VI
♭7   3   R   13

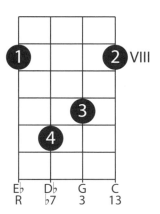

E♭   D♭   G   C   VIII
R   ♭7   3   13

E♭

E

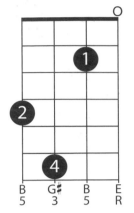
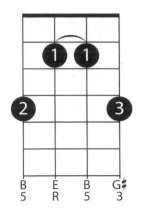
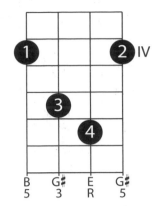
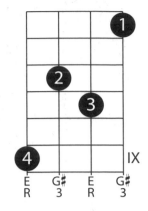

E

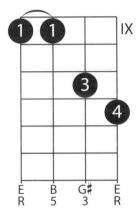
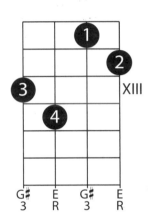

Esus4

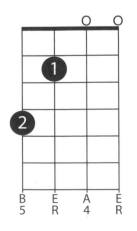
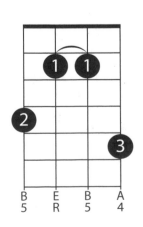
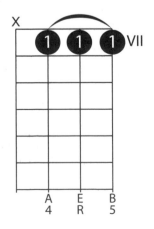
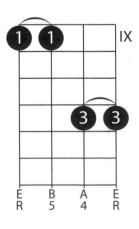

E6

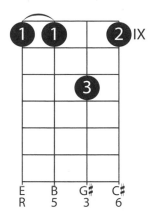

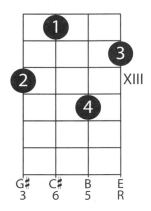

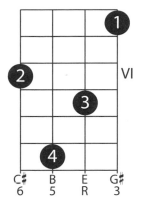

VI

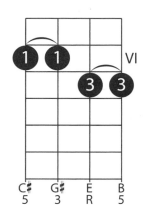

VI

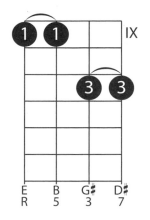

IX

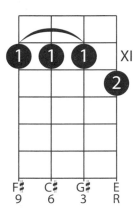

XIII

C#	B	E	G#
6	5	R	3

C#	G#	E	B
5	3	R	5

E	B	G#	C#
R	5	3	6

G#	C#	B	E
3	6	5	R

E⁶₉

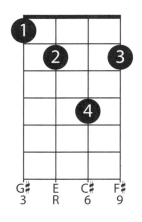

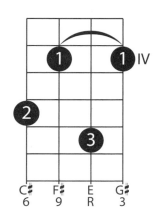

IV

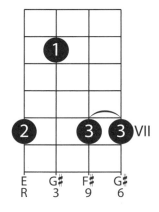

VII

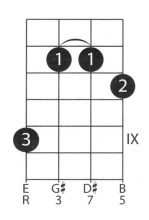

XI

G#	E	C#	F#
3	R	6	9

C#	F#	E	G#
6	9	R	3

E	G#	F#	G#
R	3	9	6

F#	C#	G#	E
9	6	3	R

Emaj7

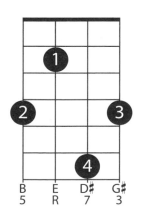

IX

IX

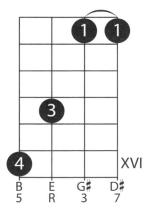

XVI

B	E	D#	G#
5	R	7	3

E	G#	D#	B
R	3	7	5

E	B	G#	D#
R	5	3	7

B	E	G#	D#
5	R	3	7

E

37

Emaj9

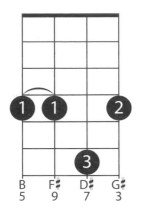

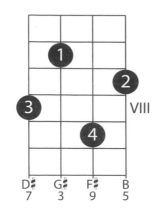

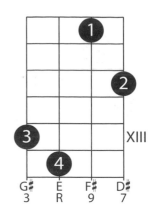

Emaj13

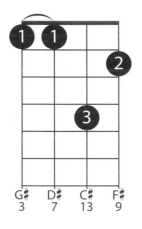

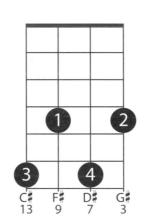

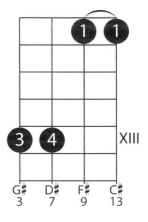

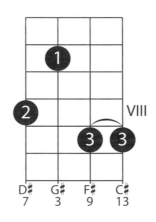

Em

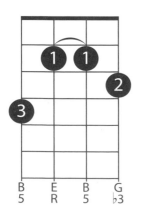

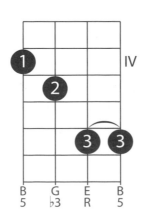

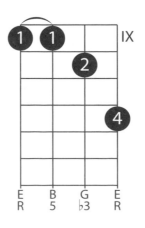

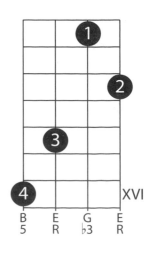

Em6

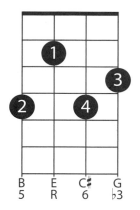

B E C# G
5 R 6 b3

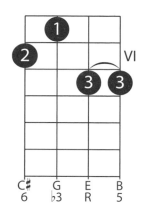
VI

C# G E B
6 b3 R 5

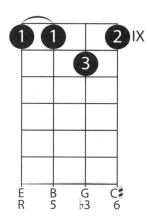
IX

E B G C#
R 5 b3 6

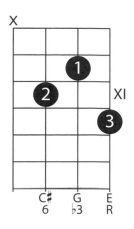
X
XI

C# G E
6 b3 R

Em7

O O O

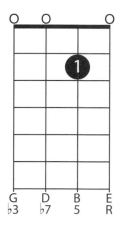

G D B E
b3 b7 5 R

VII

D G E B
b7 b3 R 5

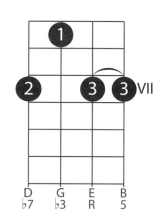
IX

E B G D
R 5 b3 b7

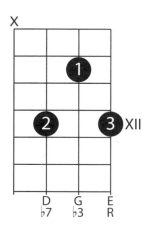
X
XII

D G E
b7 b3 R

Em(maj7)

O O

G D# B E
b3 7 5 R

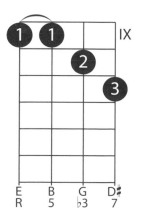
IX

E B G D#
R 5 b3 7

Em9

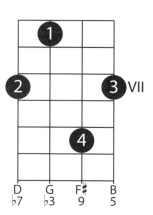
VII

D G F# B
b7 b3 9 5

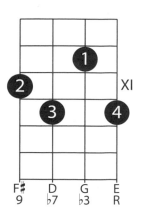
XI

F# D G E
9 b7 b3 R

Em11

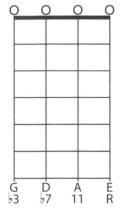

G D A E
♭3 ♭7 11 R

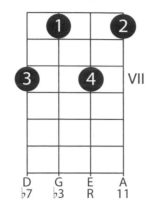
VII

D G E A
♭7 ♭3 R 11

Em13

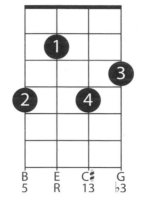

B E C# G
5 R 13 ♭3

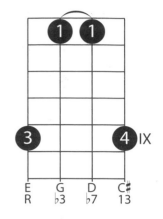
IX

E G D C#
R ♭3 ♭7 13

Em7♭5

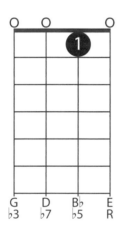

G D B♭ E
♭3 ♭7 ♭5 R

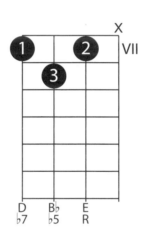
X
VII

D B♭ E
♭7 ♭5 R

E°7

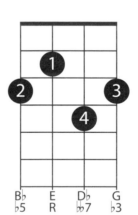

B♭ E D♭ G
♭5 R ♭♭7 ♭3

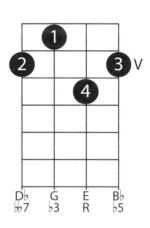
V

D♭ G E B♭
♭♭7 ♭3 R ♭5

E7

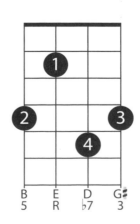

G# D B E
3 ♭7 5 R

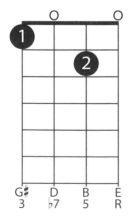

B E D G#
5 R ♭7 3

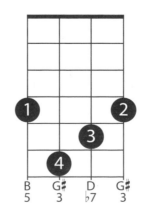

B G# D G#
5 3 ♭7 3

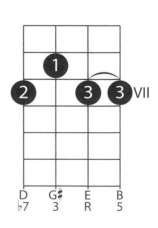
VII

D G# E B
♭7 3 R 5

E7

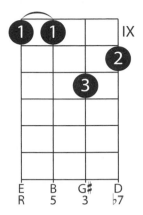

E   B   G#   D
R   5   3   ♭7

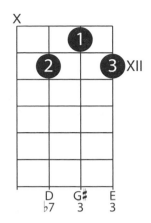

D   G#   E
♭7   3   3

E7sus4

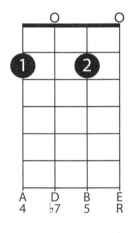

A   D   B   E
4   ♭7   5   R

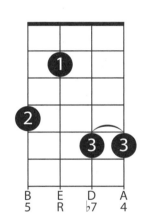

B   E   D   A
5   R   ♭7   4

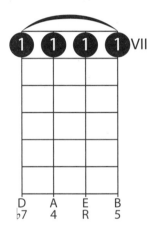

D   A   E   B
♭7   4   R   5

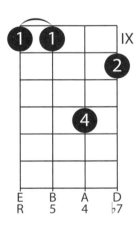

E   B   A   D
R   5   4   ♭7

E7♭5

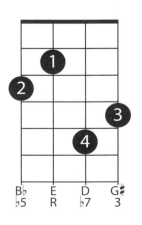

B♭   E   D   G#
♭5   R   ♭7   3

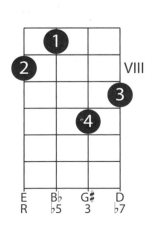

E   B♭   G#   D
R   ♭5   3   ♭7

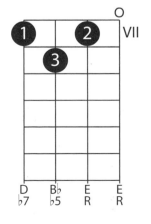

D   B♭   E   E
♭7   ♭5   R   R

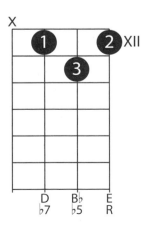

D   B♭   E
♭7   ♭5   R

E7+

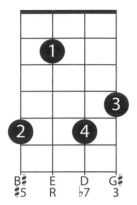

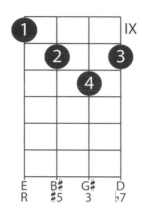

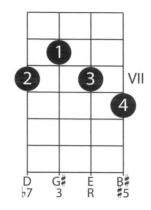

E9

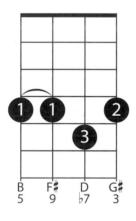

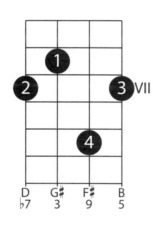

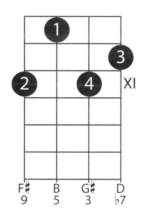

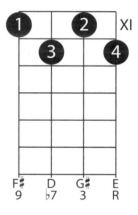

E9sus4

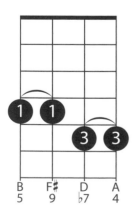

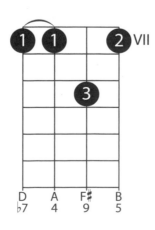

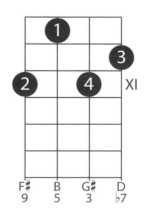

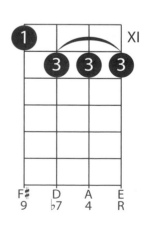

E9♭5

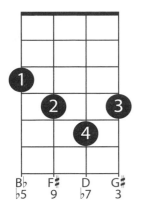

Bb ♭5 F# 9 D ♭7 G# 3

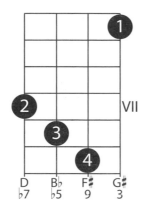

D ♭7 Bb ♭5 F# 9 G# 3 VII

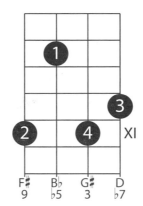

F# 9 Bb ♭5 G# 3 D ♭7 XI

E9+

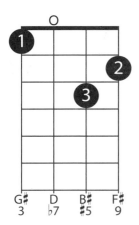

G# 3 D ♭7 B# #5 F# 9

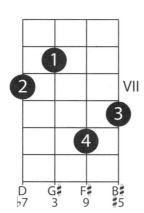

D ♭7 G# 3 F# 9 B# #5 VII

E13

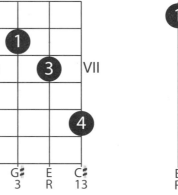

D ♭7 G# 3 E R C# 13 VII

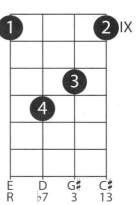

E R D ♭7 G# 3 C# 13 IX

E

F

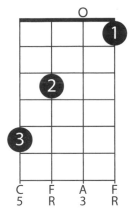

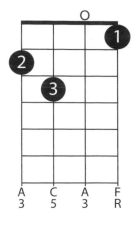

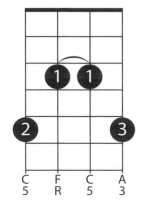

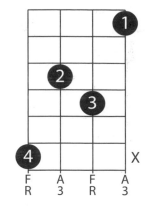

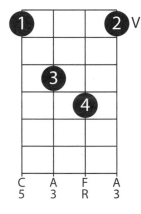

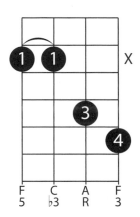

Fsus4

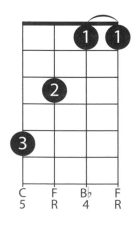

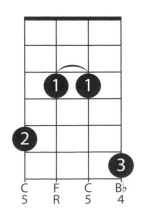

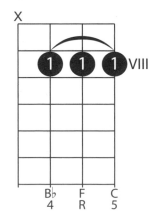

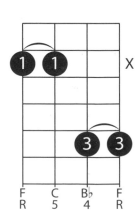

F6

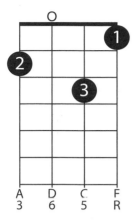

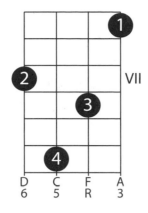

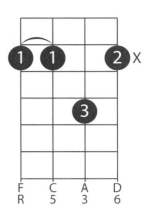

F6/9

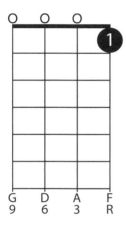

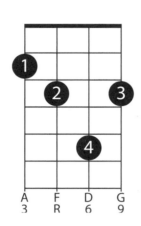

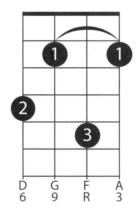

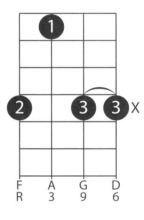

Fmaj7

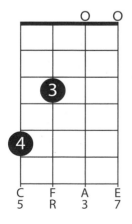

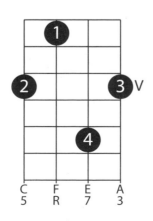

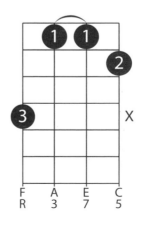

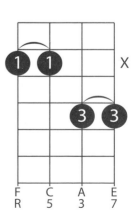

Fmaj9

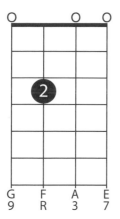
G	F	A	E
9	R	3	7

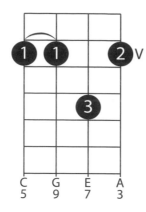
V
C	G	E	A
5	9	7	3

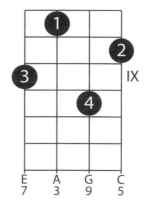
IX
E	A	G	C
7	3	9	5

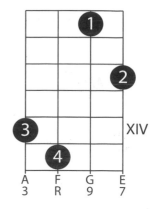
XIV
A	F	G	E
3	R	9	7

Fmaj13

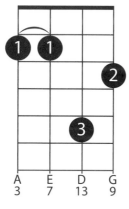
A	E	D	G
3	7	13	9

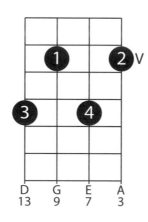
V
D	G	E	A
13	9	7	3

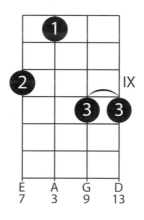
IX
E	A	G	D
7	3	9	13

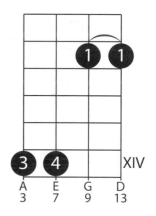
XIV
A	E	G	D
3	7	9	13

F

Fm

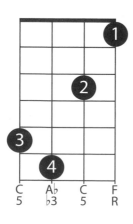
C	Ab	C	F
5	b3	5	R

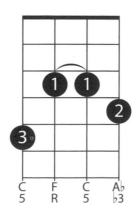
C	F	C	Ab
5	R	5	b3

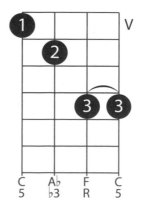
V
C	Ab	F	C
5	b3	R	5

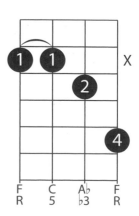
X
F	C	Ab	F
R	5	b3	R

Fm6

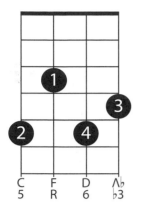

C	F	D	A♭
5	R	6	♭3

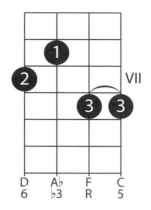

VII

D	A♭	F	C
6	♭3	R	5

X

F	C	A♭	D
R	5	♭3	6

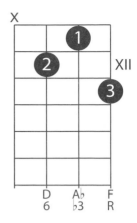

X

XII

D	A♭	F
6	♭3	R

Fm7

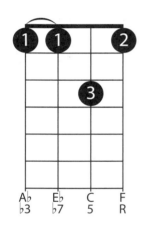

A♭	E♭	C	F
♭3	♭7	5	R

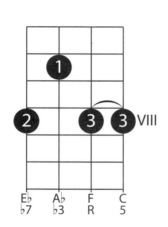

VIII

E♭	A♭	F	C
♭7	♭3	R	5

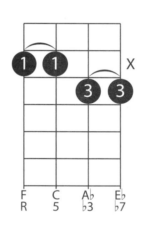

X

F	C	A♭	E♭
R	5	♭3	♭7

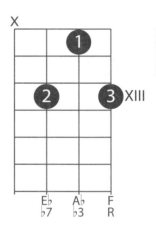

X

XIII

E♭	A♭	F
♭7	♭3	R

Fm(maj7)

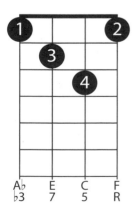

A♭	E	C	F
♭3	7	5	R

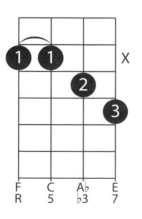

X

F	C	A♭	E
R	5	♭3	7

Fm9

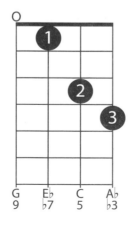

O

G	E♭	C	A♭
9	♭7	5	♭3

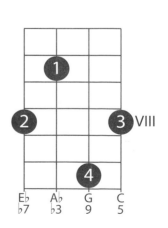

VIII

E♭	A♭	G	C
♭7	♭3	9	5

Fm11

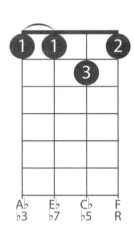

Ab E♭ B♭ F
♭3 ♭7 11 R

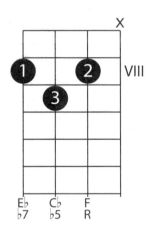

E♭ A♭ F B♭
♭7 ♭3 R 5

Fm13

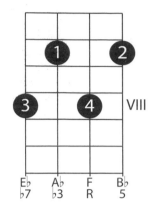

F A♭ E♭ D
R ♭3 ♭7 13

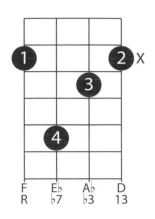

F E♭ A♭ D
R ♭7 ♭3 13

Fm7♭5

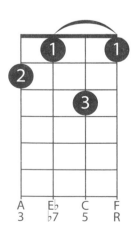

A♭ E♭ C♭ F
♭3 ♭7 ♭5 R

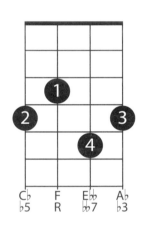

E♭ C♭ F
♭7 ♭5 R

F°7

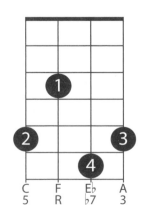

C♭ F E♭ A♭
♭5 R ♭7 ♭3

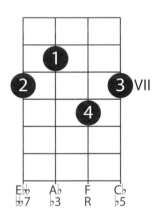

E♭ A♭ F C♭
♭7 ♭3 R ♭5

F7

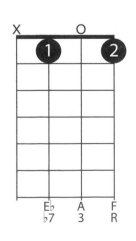

A E♭ C F
3 ♭7 5 R

E♭ A F
♭7 3 R

C F E♭ A
5 R ♭7 3

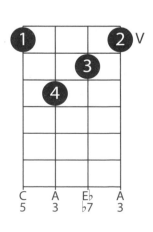

C A E♭ A
5 3 ♭7 3

F7

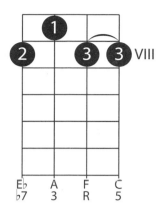

Eb	A	F	C
b7	3	R	5

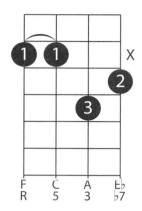

F	C	A	Eb
R	5	3	b7

F7sus4

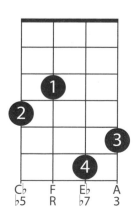

Bb	Eb	C	F
4	b7	5	R

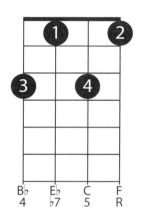

C	F	Eb	Bb
5	R	b7	4

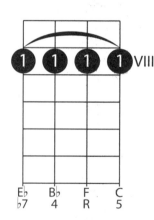

Eb	Bb	F	C
b7	4	R	5

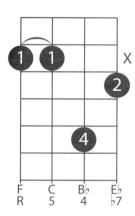

F	C	Bb	Eb
R	5	4	b7

F7b5

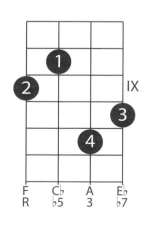

Cb	F	Eb	A
b5	R	b7	3

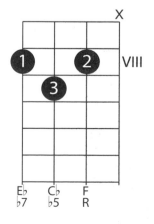

F	Cb	A	Eb
R	b5	3	b7

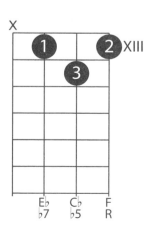

Eb	Cb	F
b7	b5	R

Eb	Cb	F
b7	b5	R

F7+

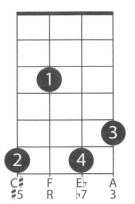 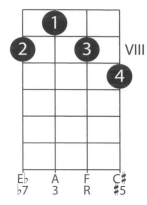 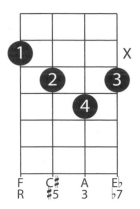

F9

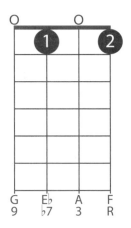 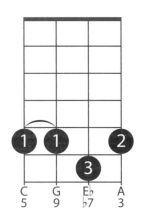 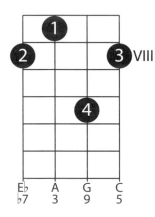 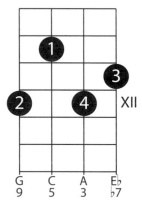

F9sus4

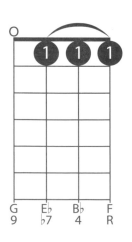 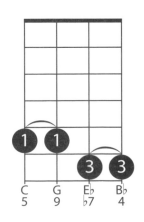 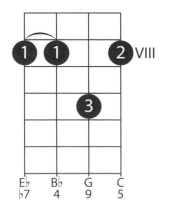 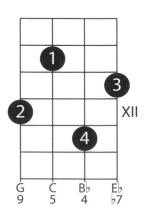

F9♭5

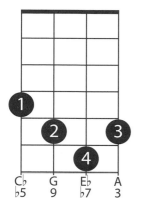

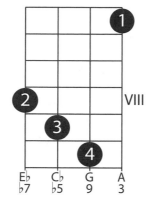

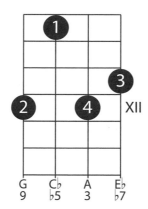

F9+

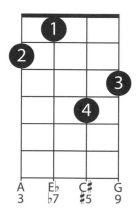

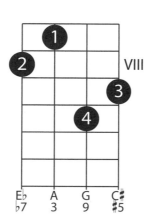

F13

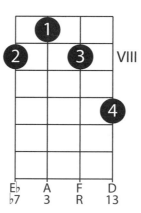

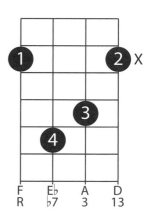

F♯

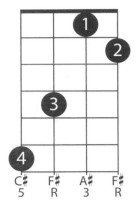

C♯ F♯ A♯ F♯
5   R 3   R

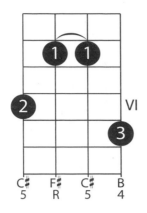

C♯ F♯ C♯ B
5   R 5   4

VI

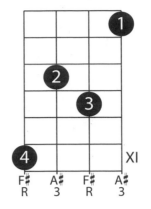

F♯ A♯ F♯ A♯
R   3   R   3

XI

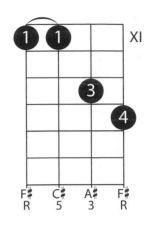

XI

F♯ C♯ A♯ F♯
R   5   3   R

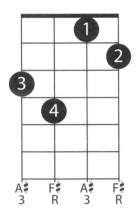

A♯ F♯ A♯ F♯
3   R 3   R

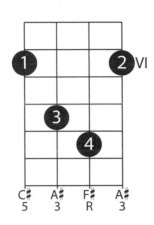

VI

C♯ A♯ F♯ A♯
5   3   R   3

F♯sus4

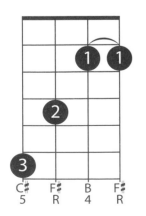

C♯ F♯ B F♯
5   R 4   R

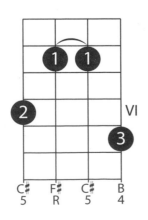

C♯ F♯ C♯ B
5   R 5   4

VI

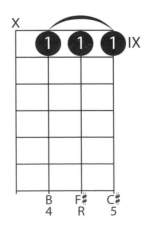

X

IX

B F♯ C♯
4   R   5

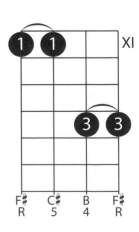

XI

F♯ C♯ B F♯
R   5   4   R

F♯6

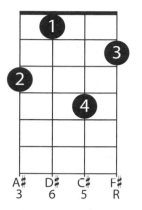 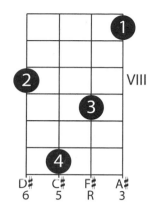 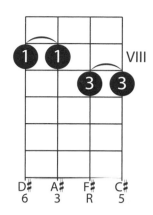 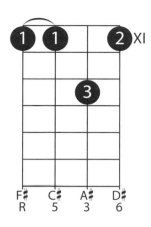

A#	D#	C#	F#
3	6	5	R

D#	C#	F#	A#
6	5	R	3

VIII

D#	A#	F#	C#
6	3	R	5

VIII

F#	C#	A#	D#
R	5	3	6

XI

F♯⁶⁄₉

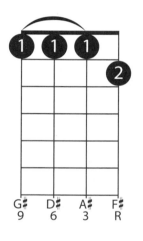 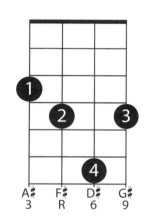 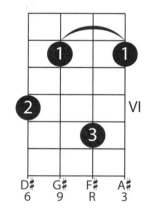 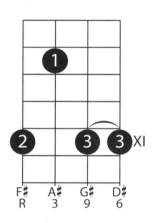

G#	D#	A#	F#
9	6	3	R

A#	F#	D#	G#
3	R	6	9

D#	G#	F#	A#
6	9	R	3

VI

F#	A#	G#	D#
R	3	9	6

XI

F♯maj7

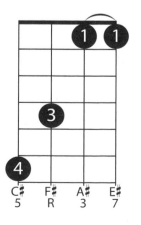 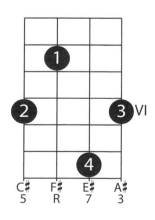 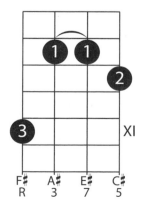 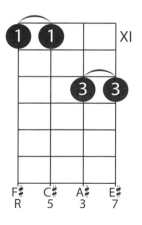

C#	F#	A#	E#
5	R	3	7

C#	F#	E#	A#
5	R	7	3

VI

F#	A#	E#	C#
R	3	7	5

XI

F#	C#	A#	E#
R	5	3	7

XI

F#maj9

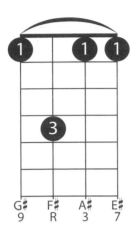

G#	F#	A#	E#
9	R	3	7

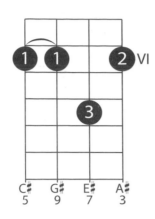 VI

C#	G#	E#	A#
5	9	7	3

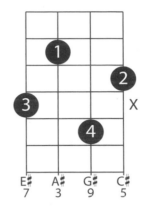 X

E#	A#	G#	C#
7	3	9	5

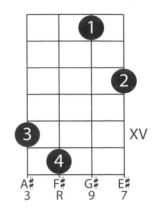 XV

A#	F#	G#	E#
3	R	9	7

F#maj13

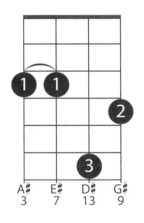

A#	E#	D#	G#
3	7	13	9

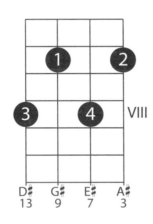 VIII

D#	G#	E#	A#
13	9	7	3

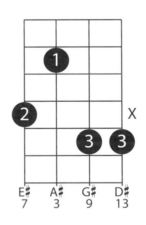 X

E#	A#	G#	D#
7	3	9	13

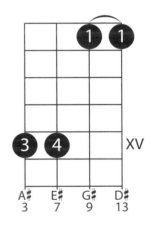 XV

A#	E#	G#	D#
3	7	9	13

F#m

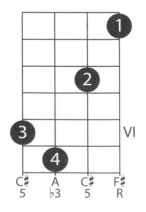 VI

C#	A	C#	F#
5	b3	5	R

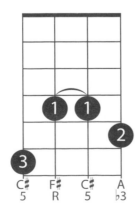

C#	F#	C#	A
5	R	5	b3

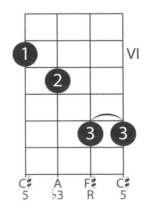 VI

C#	A	F#	C#
5	b3	R	5

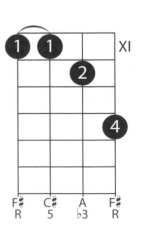 XI

F#	C#	A	F#
R	5	b3	R

F#m6

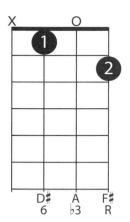

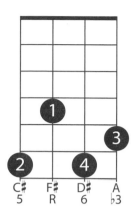

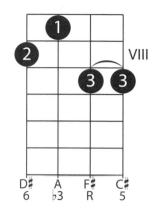

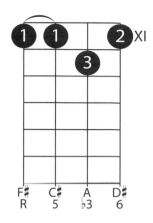

F#m7

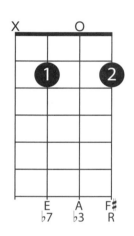

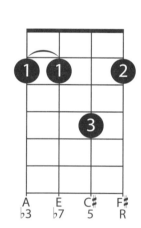

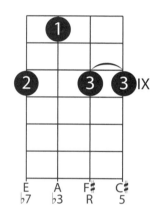

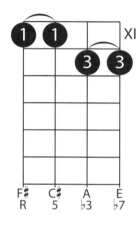

F#m(maj7)

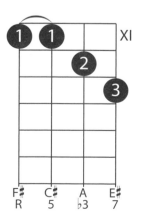

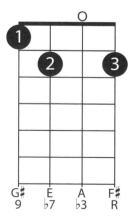

F#m9

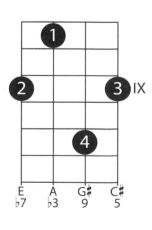

F#m11

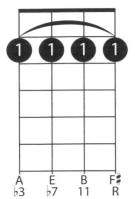

A	E	B	F#
b3	b7	11	R

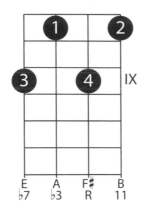

E	A	F#	B
b7	b3	R	11

IX

F#m13

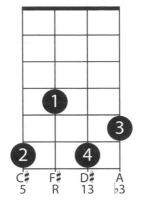

C#	F#	D#	A
5	R	13	b3

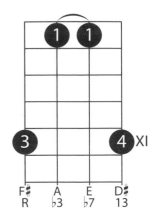

F#	A	E	D#
R	b3	b7	13

XI

F#m7b5

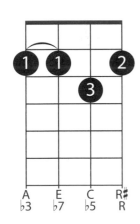

A	E	C	R#
b3	b7	b5	R

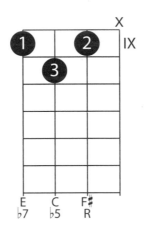

E	C	F#
b7	b5	R

X
IX

F#°7

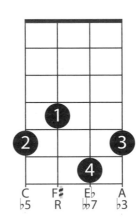

C	F#	Eb	A
b5	R	b7	b3

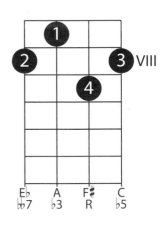

Eb	A	F#	C
b7	b3	R	b5

VIII

F#7

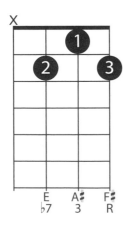

X

E	A#	F#
b7	3	R

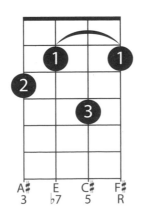

A#	E	C#	F#
3	b7	5	R

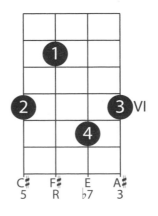

C#	F#	E	A#
5	R	b7	3

VI

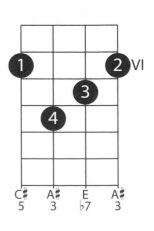

C#	A#	E	A#
5	3	b7	3

VI

F♯7

F♯7sus4

F♯7♭5

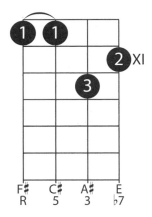

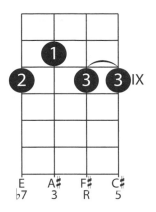

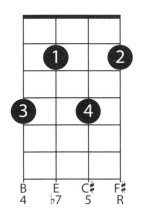

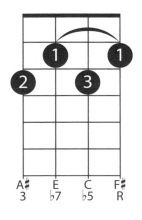

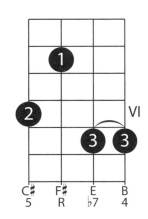

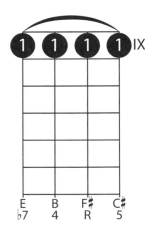

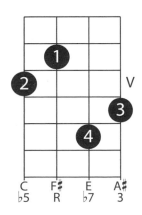

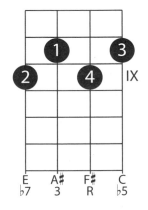

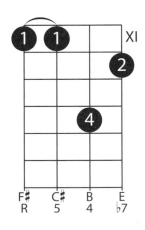

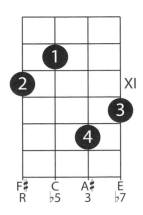

F♯7+

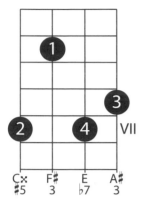 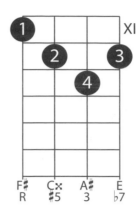 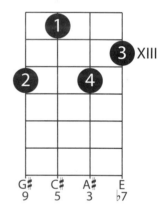

C×	F♯	E	A♯
♯5	3	♭7	3

E	A♯	F♯	C×
♭7	3	R	♯5

F♯	C×	A♯	E
R	♯5	3	♭7

F♯9

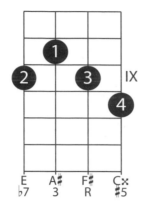

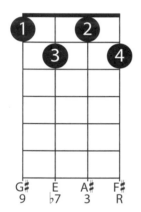 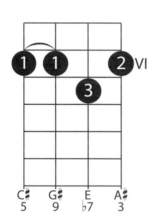 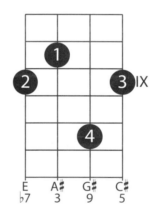 

G♯	E	A♯	F♯
9	♭7	3	R

C♯	G♯	E	A♯
5	9	♭7	3

E	A♯	G♯	C♯
♭7	3	9	5

G♯	C♯	A♯	E
9	5	3	♭7

F♯9sus4

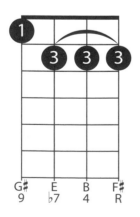 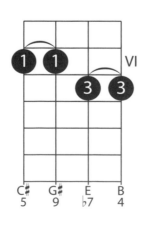 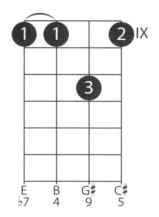 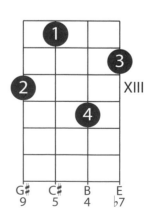

G♯	E	B	F♯
9	♭7	4	R

C♯	G♯	E	B
5	9	♭7	4

E	B	G♯	C♯
♭7	4	9	5

G♯	C♯	B	E
9	5	4	♭7

F♯

F#9♭5

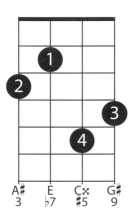 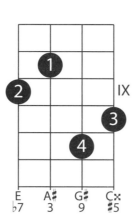 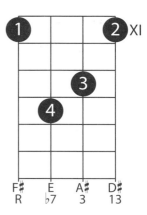

C	G#	E	A#
♭5	9	♭7	3

E	C	G#	A#
♭7	♭5	9	3

G#	C	A#	E
9	♭5	3	♭7

F#9+

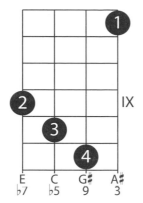

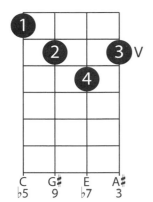 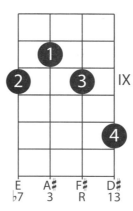

A#	E	Cx	G#
3	♭7	#5	9

E	A#	G#	Cx
♭7	3	9	#5

F#13

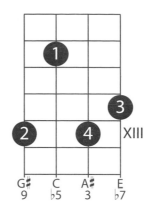

E	A#	F#	D#
♭7	3	R	13

F#	E	A#	D#
R	♭7	3	13

G

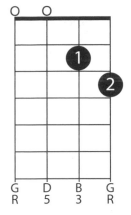
G D B G
R 5 3 R

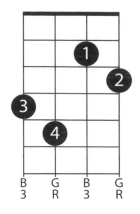
B G B G
3 R 3 R

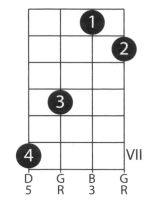
D G B G
5 R 3 R

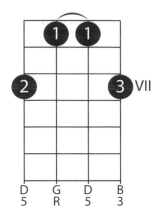
D G D B
5 R 5 3

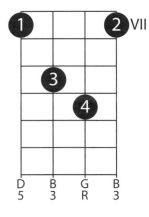
D B G B
5 3 R 3

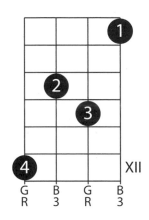
G B G B
R 3 R 3

G

Gsus4

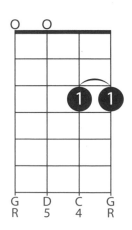
G D C G
R 5 4 R

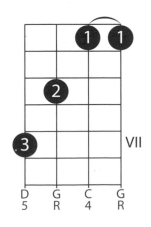
D G C G
5 R 4 R

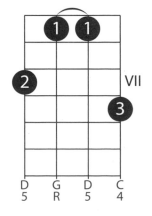
D G D C
5 R 5 4

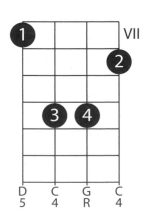
D C G C
5 4 R 4

G6

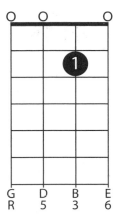

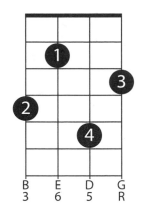

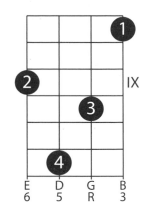

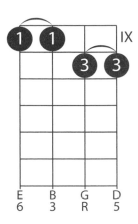

G⁶₉

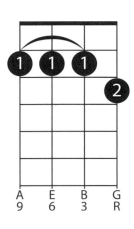

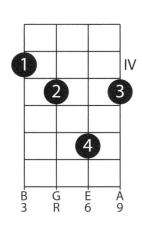

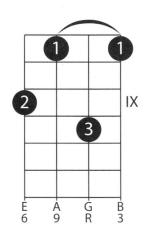

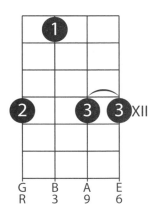

Gmaj7

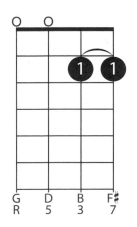

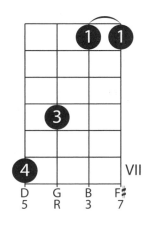

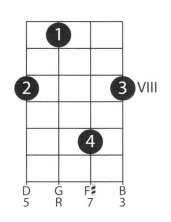

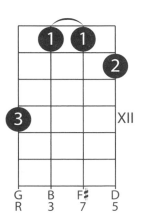

Gmaj9

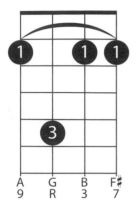 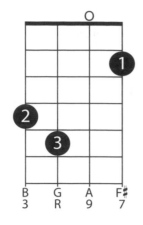 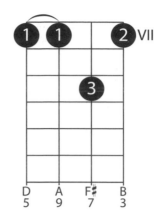 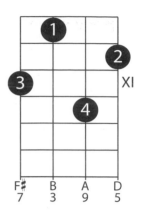

A	G	B	F#
9	R	3	7

B	G	A	F#
3	R	9	7

D	A	F#	B
5	9	7	3

F#	B	A	D
7	3	9	5

Gmaj13

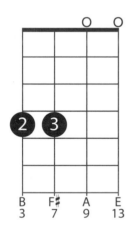 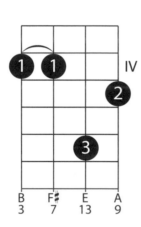 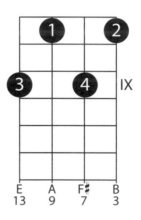 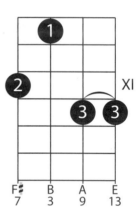

B	F#	A	E
3	7	9	13

B	F#	E	A
3	7	13	9

E	A	F#	B
13	9	7	3

F#	B	A	E
7	3	9	13

G

Gm

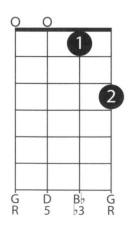 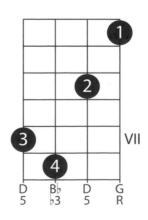 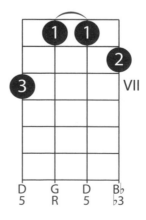 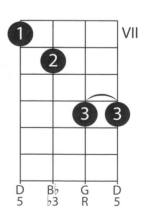

G	D	Bb	G
R	5	b3	R

D	Bb	D	G
5	b3	5	R

D	G	D	Bb
5	R	5	b3

D	Bb	G	D
5	b3	R	5

Gm6

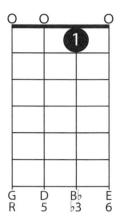

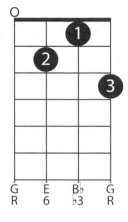

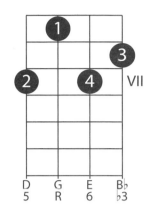

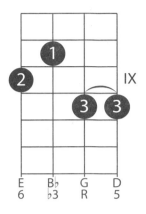

Gm7

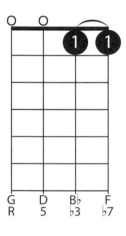

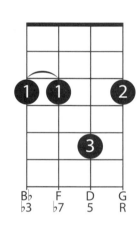

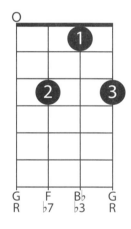

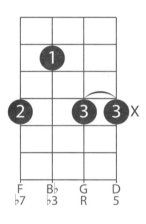

Gm(maj7)

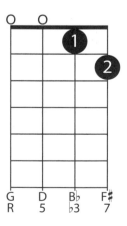

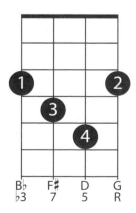

Gm9

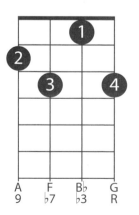

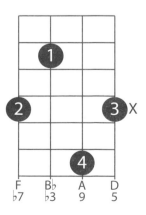

Gm11

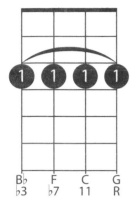

Bb F C G
b3 b7 11 R

F Bb G C
b7 b3 R 11

Gm13

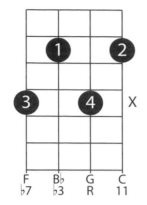

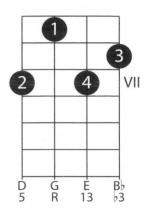

G F Bb E
R b7 b3 13

D G E Bb
5 R 13 b3

Gm7b5

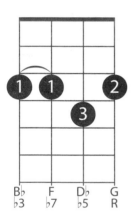

Bb F Db G
b3 b7 b5 R

F Db G
b7 b5 R

G°7

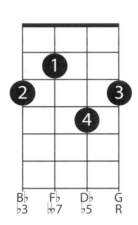

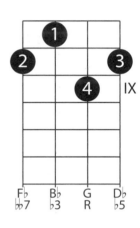

Bb Fb Db G
b3 bb7 b5 R

Fb Bb G Db
bb7 b3 R b5

G7

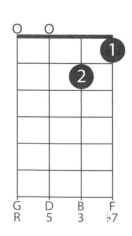

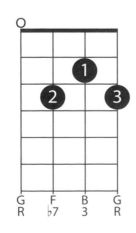

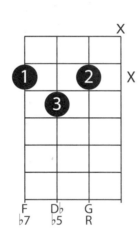

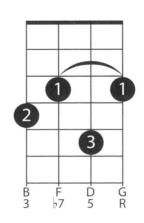

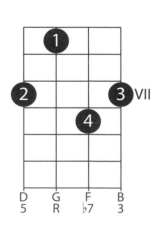

G D B F
R 5 3 b7

G F B G
R b7 3 R

B F D G
3 b7 5 R

D G F B
5 R b7 3

G7

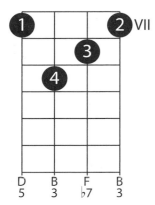

D   B   F   B
5   3   ♭7   3

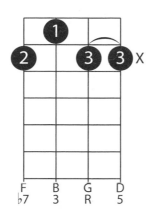

F   B   G   D
♭7   3   R   5

G7sus4

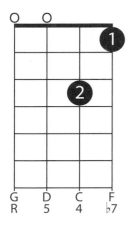

G   D   C   F
R   5   4   ♭7

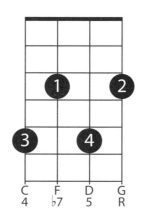

C   F   D   G
4   ♭7   5   R

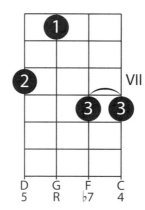

D   G   F   C
5   R   ♭7   4

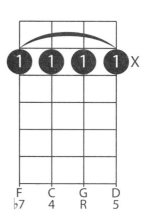

F   C   G   D
♭7   4   R   5

G

G7♭5

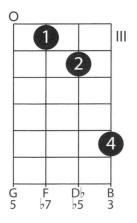

G   F   D♭   B
5   ♭7   ♭5   3

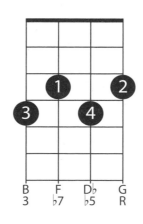

B   F   D♭   G
3   ♭7   ♭5   R

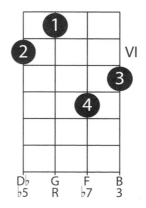

D♭   G   F   B
♭5   R   ♭7   3

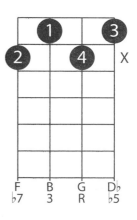

F   B   G   D♭
♭7   3   R   ♭5

G7+

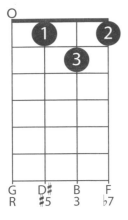
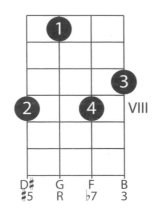

G	D#	B	F
R	#5	3	b7

D#	G	F	B
#5	R	b7	3

F	B	G	D#
b7	3	R	#5

G9

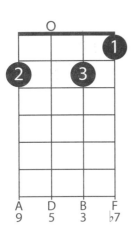
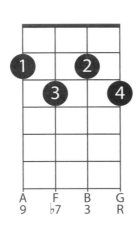
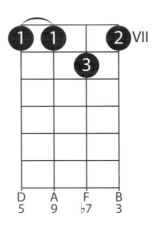
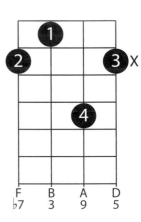

A	D	B	F
9	5	3	b7

A	F	B	G
9	b7	3	R

D	A	F	B
5	9	b7	3

F	B	A	D
b7	3	9	5

G9sus4

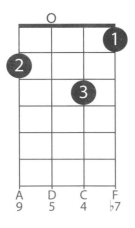
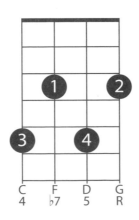
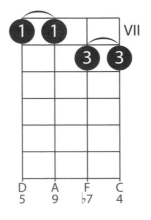
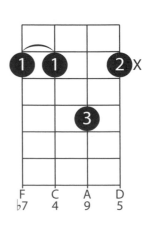

A	D	C	F
9	5	4	b7

C	F	D	G
4	b7	5	R

D	A	F	C
5	9	b7	4

F	C	A	D
b7	4	9	5

G

G9♭5

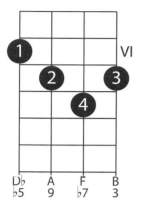

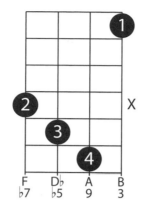

G9+

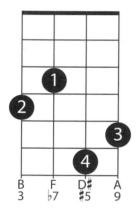

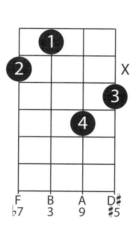

G13

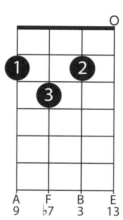

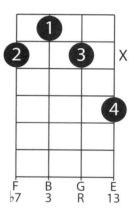

G

A♭

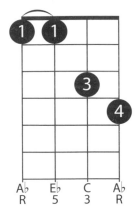

A♭ E♭ C A♭
R 5 3 R

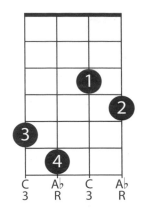

C A♭ C A♭
3 R 3 R

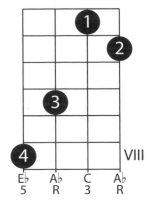

E♭ A♭ C A♭
5 R 3 R

VIII

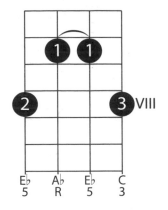

E♭ A♭ E♭ C
5 R 5 3

VIII

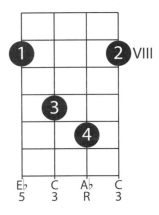

E♭ C A♭ C
5 3 R 3

VIII

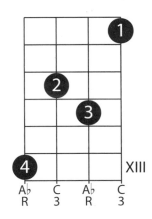

A♭ C A♭ C
R 3 R 3

XIII

A♭sus4

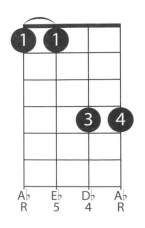

A♭ E♭ D♭ A♭
R 5 4 R

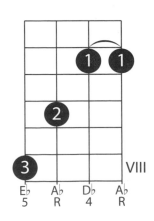

E♭ A♭ D♭ A♭
5 R 4 R

VIII

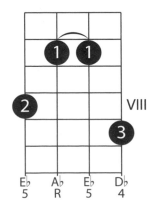

E♭ A♭ E♭ D♭
5 R 5 4

VIII

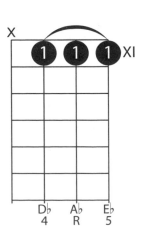

X

D♭ A♭ E♭
4 R 5

XI

68

A♭6

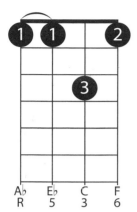
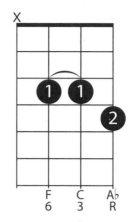
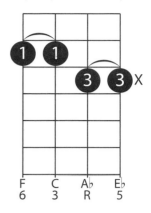

A♭	E♭	C	F
R	5	3	6

C	F	E♭	A♭
3	6	5	R

F	C	A♭
6	3	R

F	C	A♭	E♭
6	3	R	5

A♭⁶⁄₉

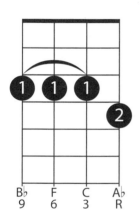
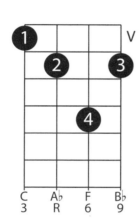
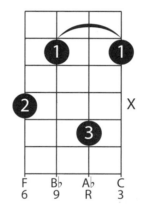
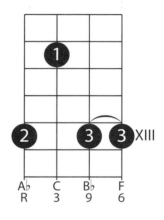

B♭	F	C	A♭
9	6	3	R

C	A♭	F	B♭
3	R	6	9

F	B♭	A♭	C
6	9	R	3

A♭	C	B♭	F
R	3	9	6

A♭maj7

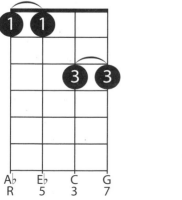
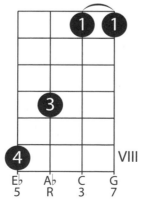
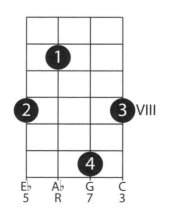
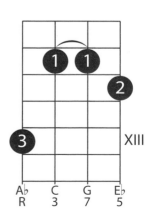

A♭	E♭	C	G
R	5	3	7

E♭	A♭	C	G
5	R	3	7

E♭	A♭	G	C
5	R	7	3

A♭	C	G	E♭
R	3	7	5

A♭

A♭maj9

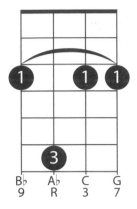

B♭	A♭	C	G
9	R	3	7

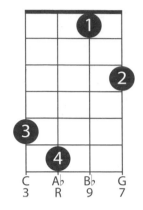

C	A♭	B♭	G
3	R	9	7

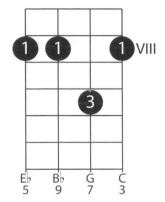

VIII

E♭	B♭	G	C
5	9	7	3

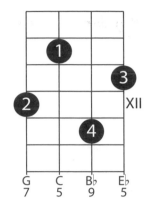

XII

G	C	B♭	E♭
7	5	9	5

A♭maj13

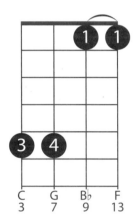

C	G	B♭	F
3	7	9	13

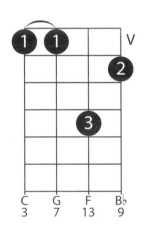

V

C	G	F	B♭
3	7	13	9

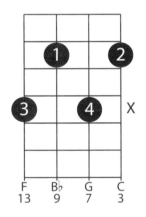

X

F	B♭	G	C
13	9	7	3

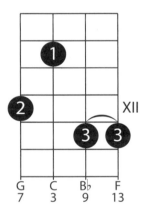

XII

G	C	B♭	F
7	3	9	13

A♭

A♭m

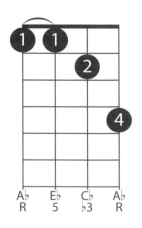

A♭	E♭	C♭	A♭
R	5	♭3	R

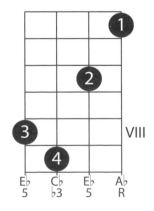

VIII

E♭	C♭	E♭	A♭
5	♭3	5	R

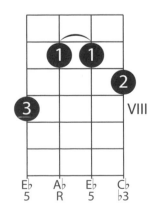

VIII

E♭	A♭	E♭	C♭
5	R	5	♭3

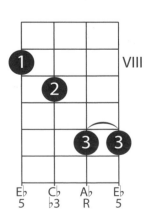

VIII

E♭	C♭	A♭	E♭
5	♭3	R	5

A♭m6

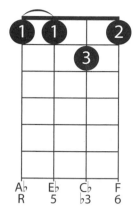

A♭	E♭	C♭	F
R	5	♭3	6

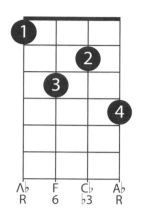

A♭	F	C♭	A♭
R	6	♭3	R

VIII

E♭	A♭	F	C♭
5	R	6	♭3

X

F	C♭	A♭	E♭
6	♭3	R	5

A♭m7

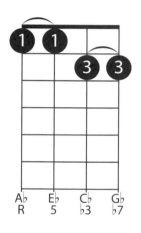

A♭	E♭	C♭	G♭
R	5	♭3	♭7

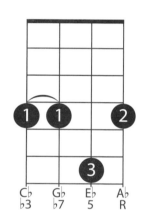

C♭	G♭	E♭	A♭
♭3	♭7	5	R

X

G♭	C♭	A♭
♭7	♭3	R

XI

G♭	C♭	A♭	E♭
♭7	♭3	R	5

A♭m(maj7)

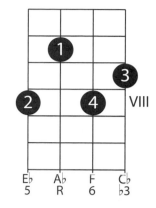

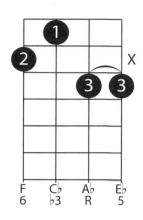

A♭	E♭	C♭	G
R	5	♭3	7

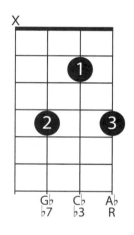

C♭	G	E♭	A♭
♭3	7	5	R

A♭m9

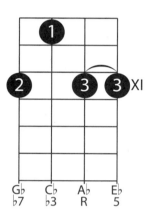

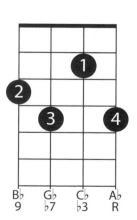

B♭	G♭	C♭	A♭
9	♭7	♭3	R

XI

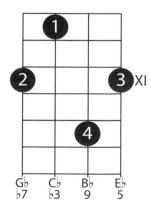

G♭	C♭	B♭	E♭
♭7	♭3	9	5

A♭

71

A♭m11

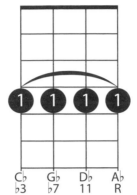

C♭	G♭	D♭	A♭
♭3	♭7	11	R

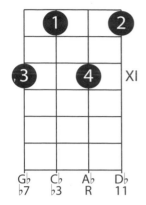

XI

G♭	C♭	A♭	D♭
♭7	♭3	R	11

A♭m13

A♭	G♭	C♭	F
R	♭7	♭3	13

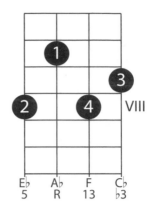

VIII

E♭	A♭	F	C♭
5	R	13	♭3

A♭m7♭5

O

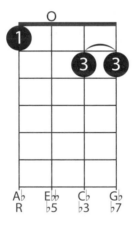

A♭	E♭	C♭	G♭
R	♭5	♭3	♭7

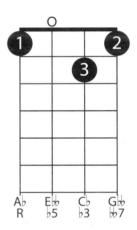

C♭	G♭	E♭	A♭
♭3	♭7	♭5	R

A♭°7

O

A♭	E♭	C♭	G♭
R	♭5	♭3	♭♭7

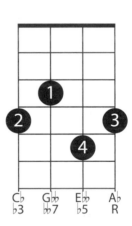

C♭	G♭	E♭	A♭
♭3	♭♭7	♭5	R

A♭7

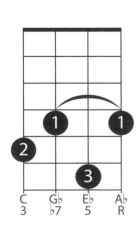

A♭	E♭	C	G♭
R	5	3	♭7

C	G♭	E♭	A♭
3	♭7	5	R

X

	G♭	C	A♭
	♭7	3	R

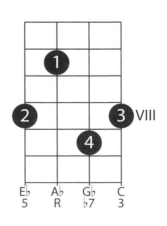

VIII

E♭	A♭	G♭	C
5	R	♭7	3

A♭7

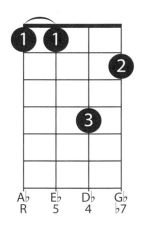

E♭	C	G♭	C
5	3	♭7	3

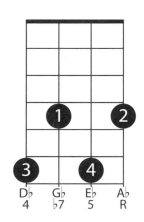

G♭	C	A♭	E♭
♭7	3	R	5

A♭7sus4

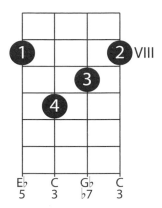

A♭	E♭	D♭	G♭
R	5	4	♭7

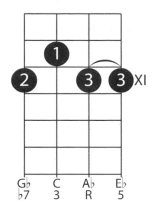

D♭	G♭	E♭	A♭
4	♭7	5	R

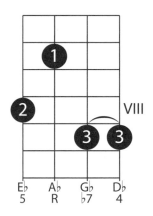

E♭	A♭	G♭	D♭
5	R	♭7	4

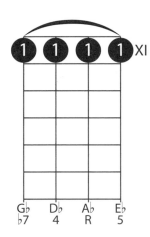

G♭	D♭	A♭	E♭
♭7	4	R	5

A♭7♭5

A♭

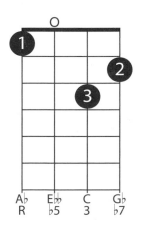

A♭	E♭	C	G♭
R	♭5	3	♭7

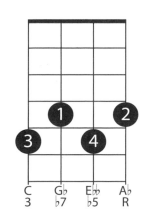

C	G♭	E♭	A♭
3	♭7	♭5	R

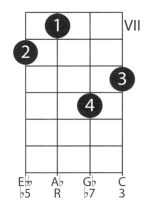

E♭	A♭	G♭	C
♭5	R	♭7	3

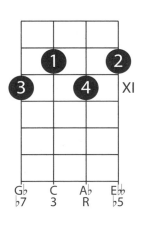

G♭	C	A♭	E♭
♭7	3	R	♭5

A♭7+

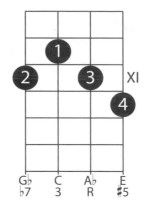

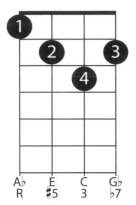

A♭	E	C	G♭
R	#5	3	♭7

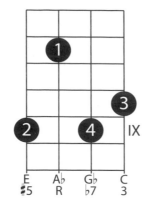

E	A♭	G♭	C
#5	R	♭7	3

IX

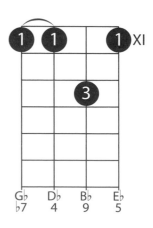

G♭	C	A♭	E
♭7	3	R	#5

XI

A♭9

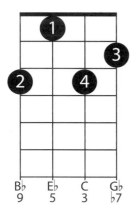

B♭	E♭	C	G♭
9	5	3	♭7

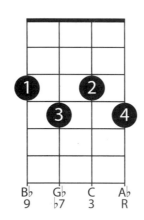

B♭	G♭	C	A♭
9	♭7	3	R

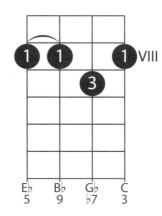

VIII

E♭	B♭	G♭	C
5	9	♭7	3

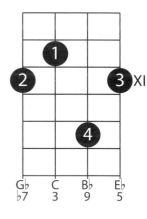

XI

G♭	C	B♭	E♭
♭7	3	9	5

A♭9sus4

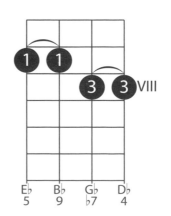

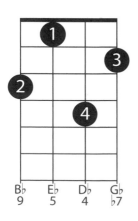

B♭	E♭	D♭	G♭
9	5	4	♭7

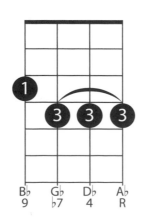

B♭	G♭	D♭	A♭
9	♭7	4	R

VIII

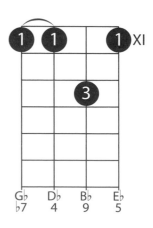

E♭	B♭	G♭	D♭
5	9	♭7	4

XI

G♭	D♭	B♭	E♭
♭7	4	9	5

A♭

A♭9♭5

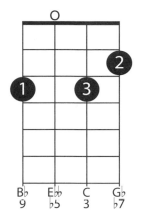

B♭ E♭♭ C G♭
9   ♭5   3 ♭7

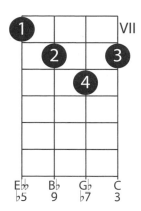
VII

E♭♭ B♭ G♭ C
♭5   9   ♭7 3

XI

G♭ E♭♭ B♭ C
♭7 ♭5   9   3

A♭9+

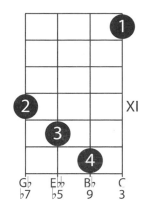

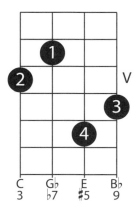
V

C G♭ E B♭
3 ♭7 #5 9

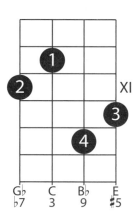
XI

G♭ C B♭ E
♭7 3   9   #5

A♭13

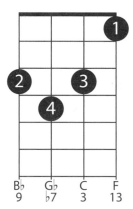

B♭ G♭ C F
9   ♭7   3 13

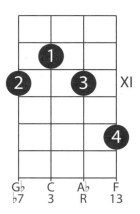
XI

G♭ C A♭ F
♭7 3   R   13

A♭

A

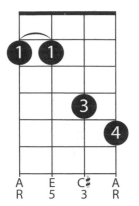

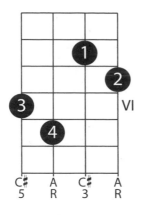

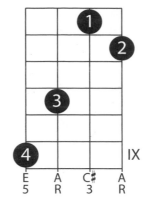

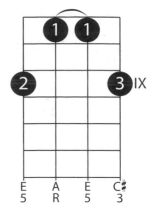

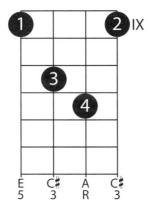

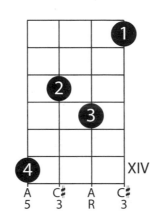

Asus4

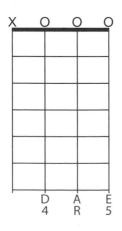

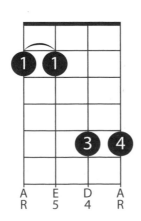

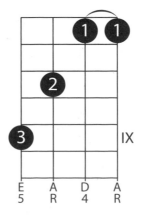

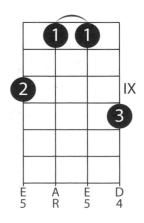

A6

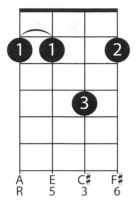
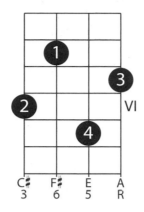
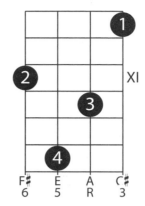
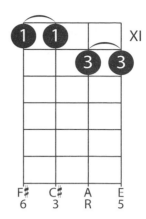

A⁶₉

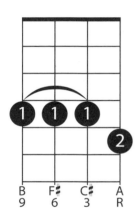
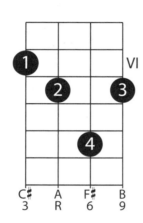
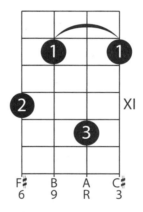
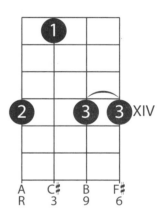

Amaj7

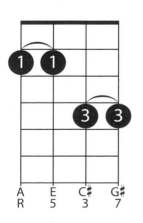
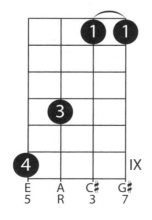
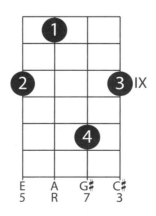
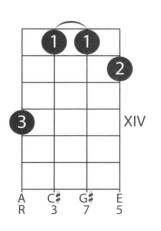

A

Amaj9

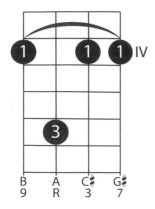
B A C# G#
9 R 3 7

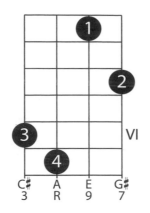
C# A E G#
3 R 9 7
VI

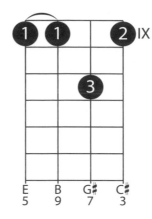
E B G# C#
5 9 7 3
IX

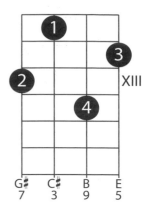
G# C# B E
7 3 9 5
XIII

Amaj13

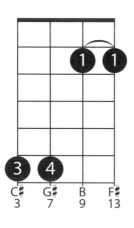
C# G# B F#
3 7 9 13

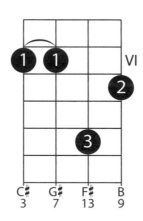
C# G# F# B
3 7 13 9
VI

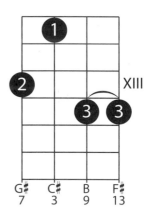
F# B G# C#
13 9 7 3
XI

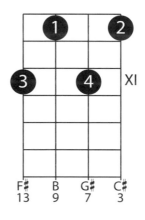
G# C# B F#
7 3 9 13
XIII

Am

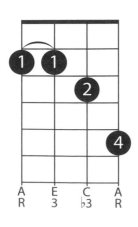
A E C A
R 3 b3 R

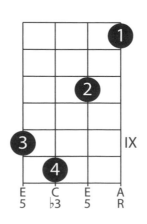
E C E A
5 b3 5 R
IX

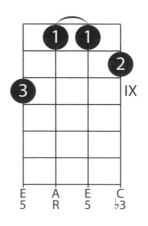
E A E C
5 R 5 b3
IX

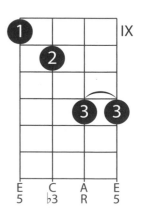
E C A E
5 b3 R 5
IX

Am6

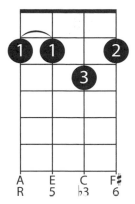 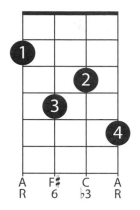 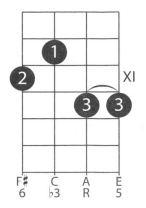 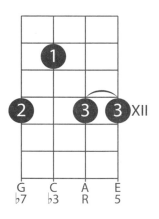

Am7

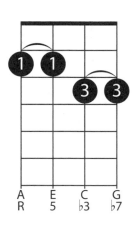 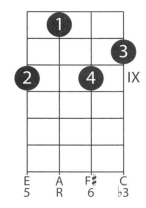 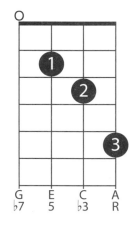 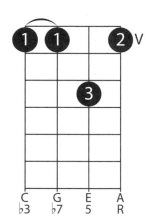

Am(maj7)

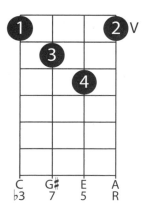 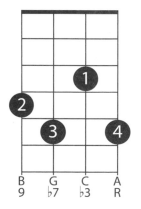

Am9

  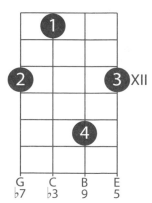  

A

Am11

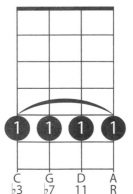

C	G	D	A
b3	b7	11	R

G	C	A	D
b7	b3	R	11

XII

Am13

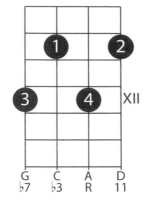

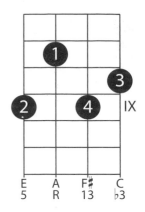

A	G	C	F#
R	b7	b3	13

E	A	F#	C
5	R	13	b3

IX

Am7b5

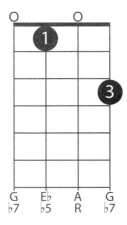

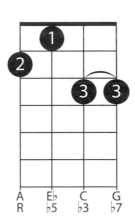

G	Eb	A	G
b7	b5	R	b7

A	Eb	C	G
R	b5	b3	b7

A°7

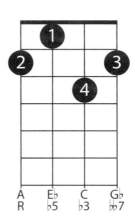

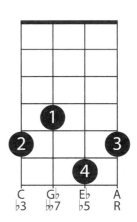

A	Eb	C	Gb
R	b5	b3	bb7

C	Gb	Eb	A
b3	bb7	b5	R

A7

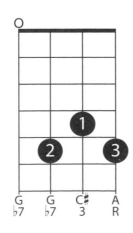

A	E	C#	G
R	5	3	b7

G	G	C#	A
b7	b7	3	R

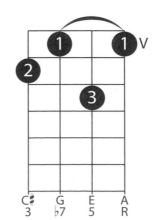

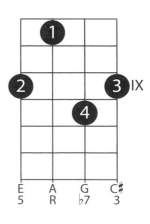

C#	G	E	A
3	b7	5	R

V

E	A	G	C#
5	R	b7	3

IX

A

A7

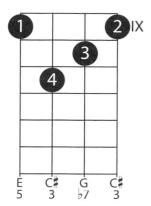

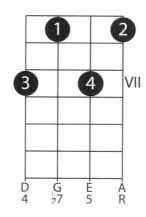

E	C#	G	C#
5	3	b7	3

G	C#	A	E
b7	3	R	5

A7sus4

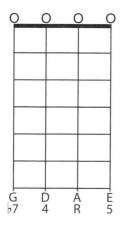

G	D	A	E
b7	4	R	5

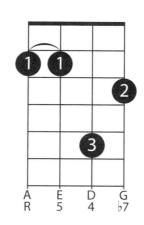

A	E	D	G
R	5	4	b7

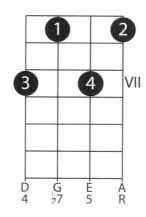

D	G	E	A
4	b7	5	R

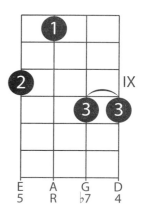

E	A	G	D
5	R	b7	4

A7b5

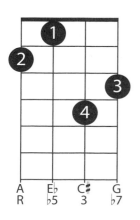

A	Eb	C#	G
R	b5	3	b7

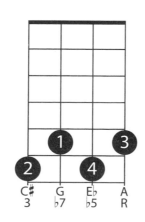

C#	G	Eb	A
3	b7	b5	R

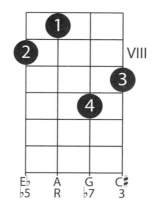

Eb	A	G	C#
b5	R	b7	3

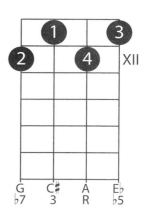

G	C#	A	Eb
b7	3	R	b5

A

A7+

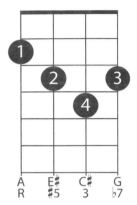
A R | E# #5 | C# 3 | G ♭7

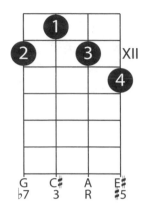
E# #5 | A R | G ♭7 | C# 3 | X

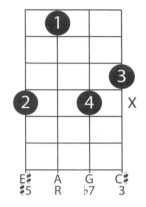
G ♭7 | C# 3 | A R | E# #5 | XII

A9

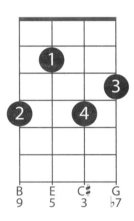
B 9 | E 5 | C# 3 | G ♭7

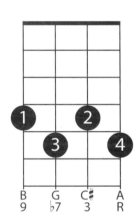
B 9 | G ♭7 | C# 3 | A R

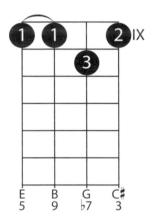
E 5 | B 9 | G ♭7 | C# 3 | IX

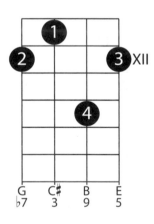
G ♭7 | C# 3 | B 9 | E 5 | XII

A9sus4

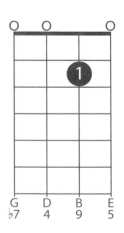
G ♭7 | D 4 | B 9 | E 5

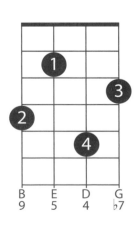
B 9 | E 5 | D 4 | G ♭7

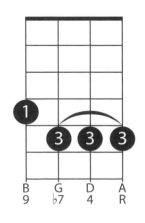
B 9 | G ♭7 | D 4 | A R

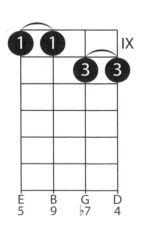
E 5 | B 9 | G ♭7 | D 4 | IX

A9♭5

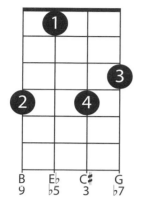

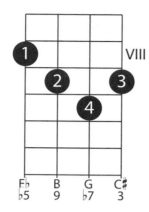

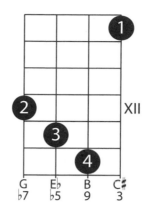

A9+

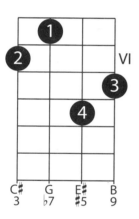

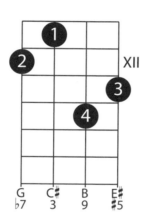

A13

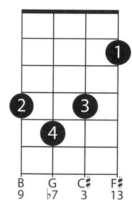

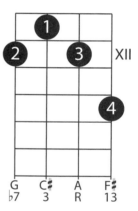

A

B♭

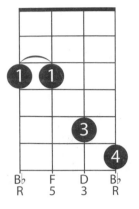

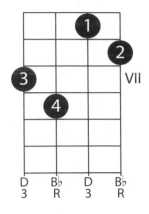

VII

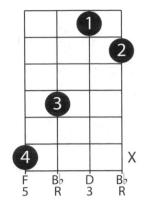

X

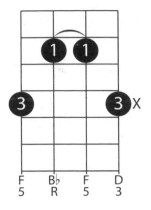

X

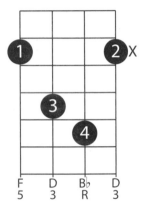

X

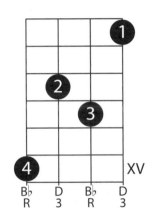

XV

B♭sus4

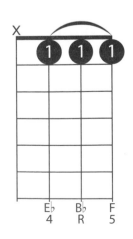

X

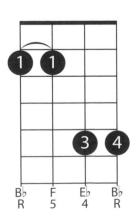

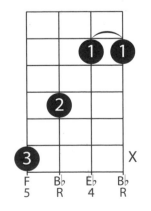

X

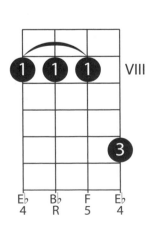

VIII

B♭

84

B♭6

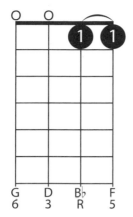
G D B♭ F
6 3 R 5

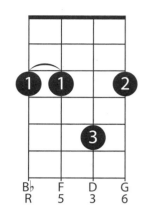
B♭ F D G
R 5 3 6

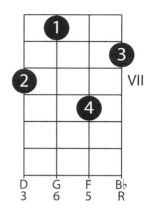
VII
D G F B♭
3 6 5 R

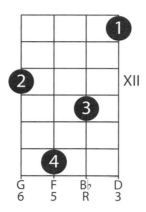
XII
G F B♭ D
6 5 R 3

B♭⁶₉

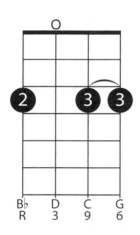
B♭ D C G
R 3 9 6

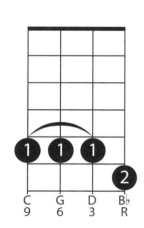
C G D B♭
9 6 3 R

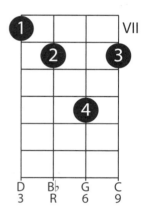
VII
D B♭ G C
3 R 6 9

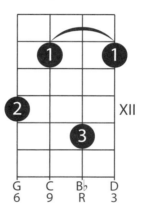
XII
G C B♭ D
6 9 R 3

B♭maj7

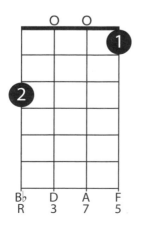
B♭ D A F
R 3 7 5

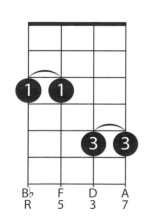
B♭ F D A
R 5 3 7

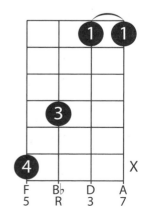
X
F B♭ D A
5 R 3 7

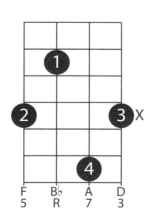
X
F B♭ A D
5 R 7 3

B♭

B♭maj9

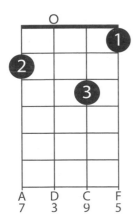

A D C F
7 3 9 5

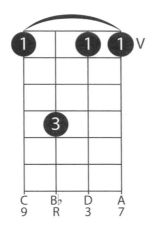

C B♭ D A
9 R 3 7

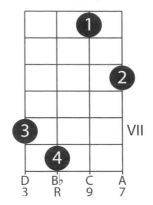

D B♭ C A
3 R 9 7

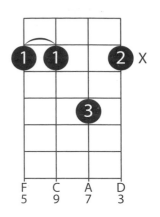

F C A D
5 9 7 3

B♭maj13

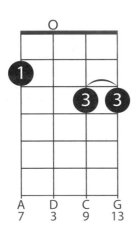

A D C G
7 3 9 13

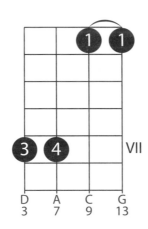

D A C G
3 7 9 13

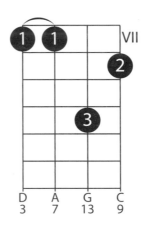

D A G C
3 7 13 9

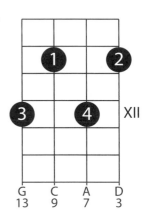

G C A D
13 9 7 3

B♭m

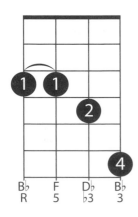

B♭ F D♭ B♭
R 5 ♭3 3

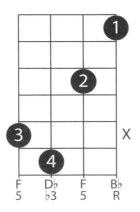

F D♭ F B♭
5 ♭3 5 R

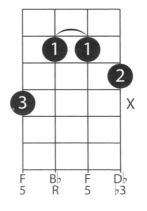

F B♭ F D♭
5 R 5 ♭3

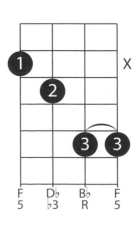

F D♭ B♭ F
5 ♭3 R 5

B♭

B♭m6

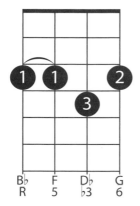

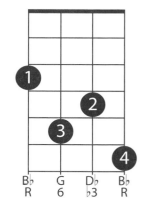

B♭	F	D♭	G
R	5	♭3	6

B♭	G	D♭	B♭
R	6	♭3	R

F	B♭	G	D♭
5	R	6	♭3

X

G	D♭	B♭	F
6	♭3	R	5

XII

B♭m7

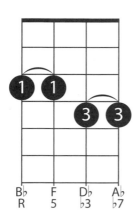

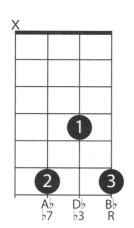

B♭	F	D♭	A♭
R	5	♭3	♭7

X

A♭	D♭	B♭
♭7	♭3	R

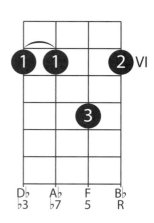

D♭	A♭	F	B♭
♭3	♭7	5	R

VI

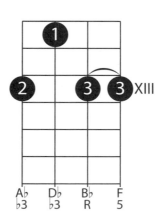

A♭	D♭	B♭	F
♭3	♭3	R	5

XIII

B♭m(maj7)

B♭	F	D♭	A
R	5	♭3	7

D♭	A	F	B♭
♭3	7	5	R

VI

B♭m9

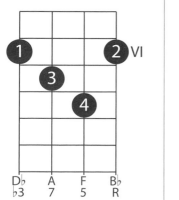

C	A♭	D♭	B♭
9	♭7	♭3	R

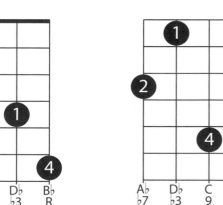

A♭	D♭	C	F
♭7	♭3	9	5

XIII

B♭

Bbm11

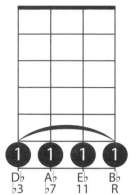

Db Ab Eb Bb
b3 b7 11 R

Ab Db Bb Eb
b7 b3 R   11

XIII

Bbm13

Bb Ab Db G
R   b7 b3 13

F   Bb G   Db
5   R   13 b3

X

Bbm7b5

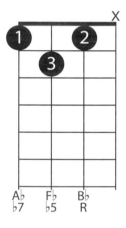

X

Ab Fb Bb
b7 b5 R

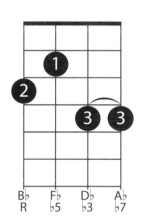

Bb Fb Db Ab
R   b5 b3 b7

Bb°7

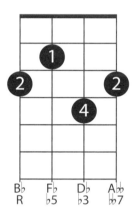

Bb Fb Db Ab
R   b5 b3 b7

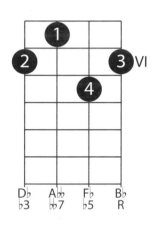

Db Ab Fb Bb
b3 b7 b5 R

VI

Bb7

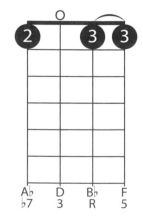

O

Ab D   Bb F
b7 3   R   5

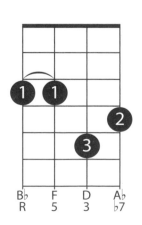

Bb F   D   Ab
R   5   3   b7

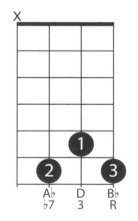

X

Ab D   Bb
b7 3   R

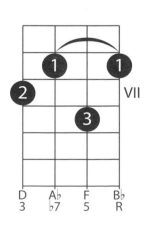

D   Ab F   Bb
3   b7 5   R

VII

B♭7

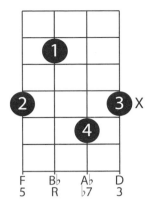

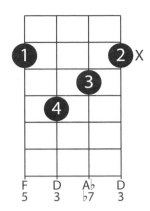

B♭7sus4

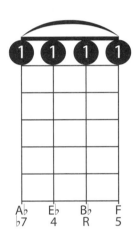

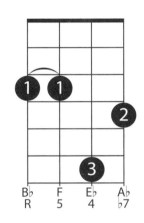

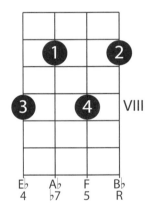

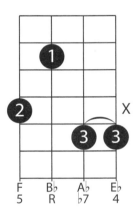

B♭7♭5

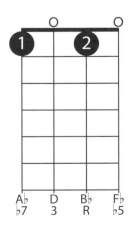

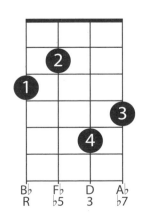

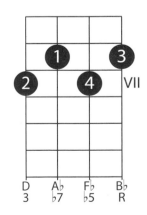

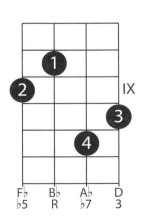

B♭

B♭7+

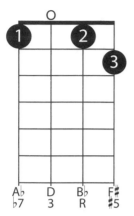

A♭	D	B♭	F#
♭7	3	R	#5

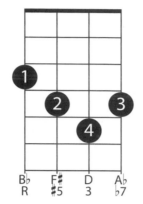

B♭	F#	D	A♭
R	#5	3	♭7

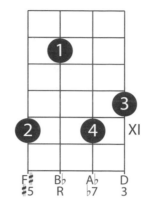

F#	B♭	A♭	D
#5	R	♭7	3

B♭9

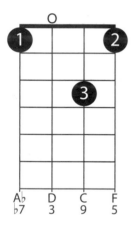

A♭	D	C	F
♭7	3	9	5

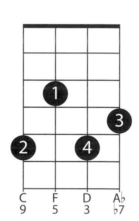

C	F	D	A♭
9	5	3	♭7

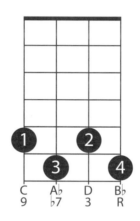

C	A♭	D	B♭
9	♭7	3	R

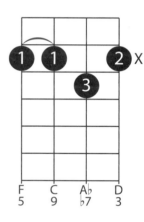

F	C	A♭	D
5	9	♭7	3

B♭9sus4

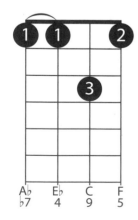

A♭	E♭	C	F
♭7	4	9	5

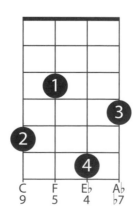

C	F	E♭	A♭
9	5	4	♭7

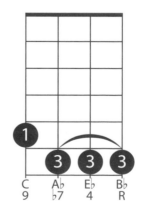

C	A♭	E♭	B♭
9	♭7	4	R

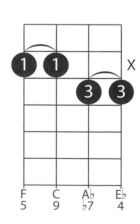

F	C	A♭	E♭
5	9	♭7	4

B♭

90

B♭9♭5

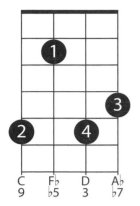

C F♭ D A♭
9 ♭5 3 ♭7

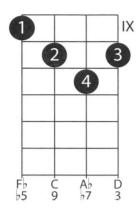

IX

F♭ C A♭ D
♭5 9 ♭7 3

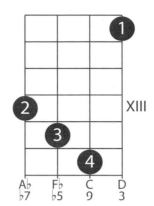

XIII

A♭ F♭ C D
♭7 ♭5 9 3

B♭9+

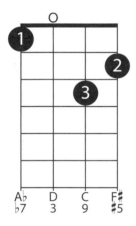

O

A♭ D C F♯
♭7 3 9 ♯5

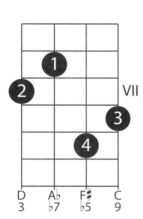

VII

D A♭ F♯ C
3 ♭7 ♭5 9

B♭13

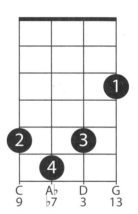

O

A♭ D B♭ G
♭7 3 R 13

C A♭ D G
9 ♭7 3 13

B♭

B

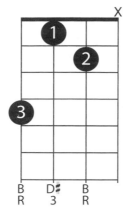

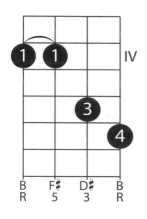

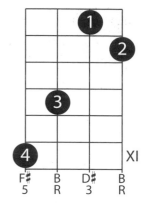

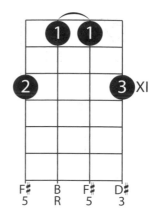

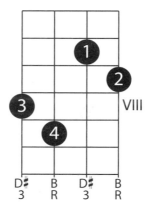

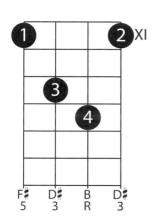

Bsus4

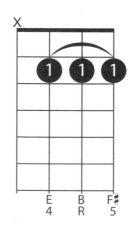

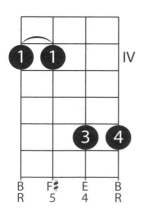

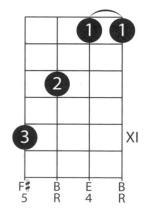

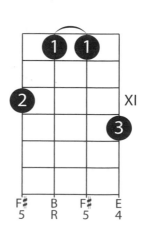

B

92

B6

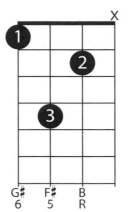

G# F# B
6 5 R

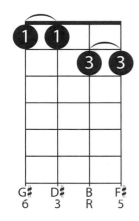

G# D# B F#
6 3 R 5

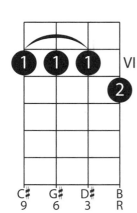

B F# D# G#
R 5 3 6

D# G# F# B
3 6 5 R

B6/9

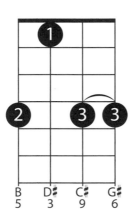

B D# C# G#
5 3 9 6

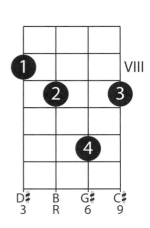

C# G# D# B
9 6 3 R

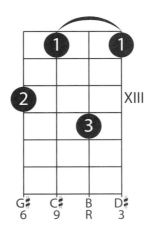

D# B G# C#
3 R 6 9

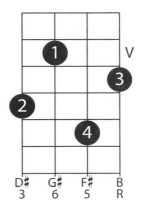

G# C# B D#
6 9 R 3

Bmaj7

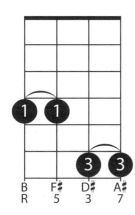

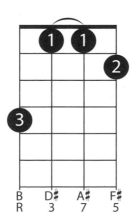

B D# A# F#
R 3 7 5

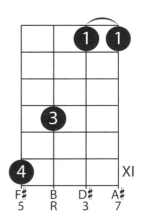

B F# D# A#
R 5 3 7

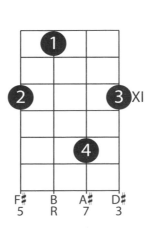

F# B D# A#
5 R 3 7

F# B A# D#
5 R 7 3

B

93

Bmaj9

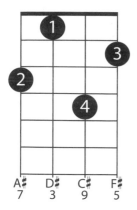

A#	D#	C#	F#
7	3	9	5

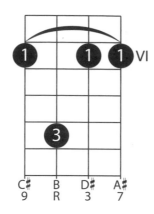

C#	B	D#	A#
9	R	3	7

VI

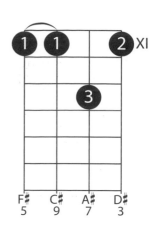

D#	B	C#	A#
3	R	9	7

VIII

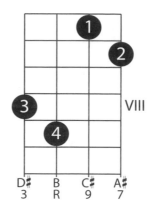

F#	C#	A#	D#
5	9	7	3

XI

Bmaj13

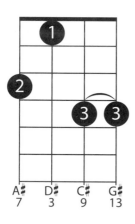

A#	D#	C#	G#
7	3	9	13

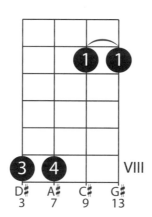

D#	A#	C#	G#
3	7	9	13

VIII

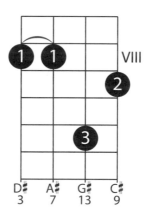

D#	A#	G#	C#
3	7	13	9

VIII

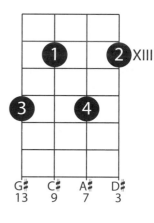

G#	C#	A#	D#
13	9	7	3

XIII

Bm

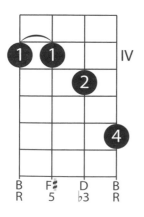

IV

B	F#	D	B
R	5	b3	R

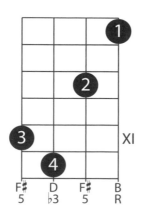

XI

F#	D	F#	B
5	b3	5	R

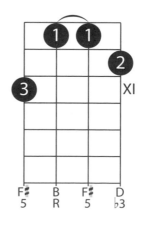

XI

F#	B	F#	D
5	R	5	b3

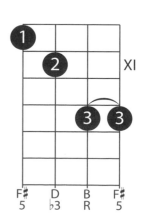

XI

F#	D	B	F#
5	b3	R	5

Bm6

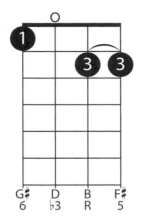

G#	D	B	F#
6	b3	R	5

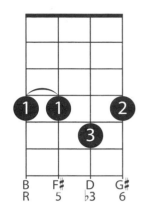

B	F#	D	G#
R	5	b3	6

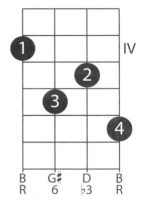

IV

B	G#	D	B
R	6	b3	R

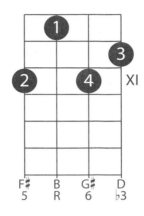

XI

F#	B	G#	D
5	R	6	b3

Bm7

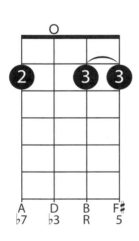

A	D	B	F#
b7	b3	R	5

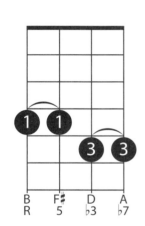

B	F#	D	A
R	5	b3	b7

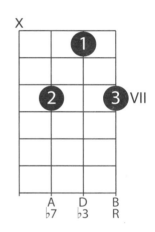

X · VII

A	D	B
b7	b3	R

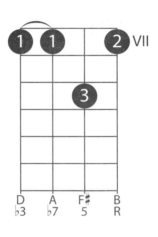

VII

D	A	F#	B
b3	b7	5	R

Bm(maj7)

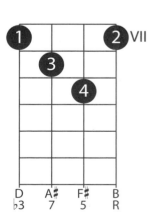

B	F#	D	A#
R	5	b3	7

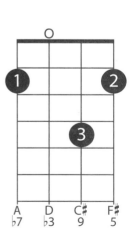

VII

D	A#	F#	B
b3	7	5	R

Bm9

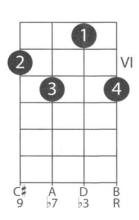

A	D	C#	F#
b7	b3	9	5

VI

C#	A	D	B
9	b7	b3	R

B

Bm11

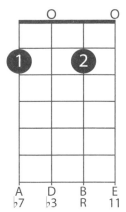

A	D	B	E
♭7	♭3	R	11

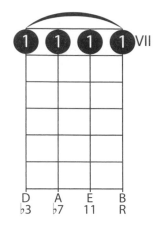

D	A	E	B
♭3	♭7	11	R

Bm13

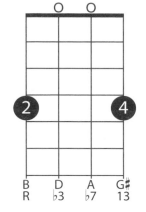

B	D	A	G#
R	♭3	♭7	13

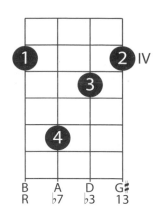

B	A	D	G#
R	♭7	♭3	13

Bm7♭5

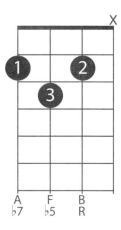

A	F	B
♭7	♭5	R

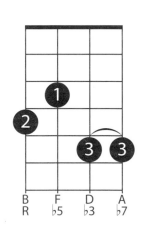

B	F	D	A
R	♭5	♭3	♭7

B°7

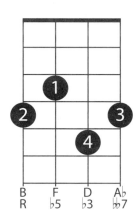

B	F	D	A♭
R	♭5	♭3	♭♭7

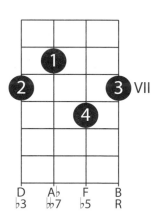

D	A♭	F	B
♭3	♭♭7	♭5	R

B7

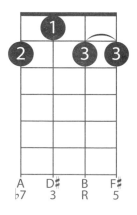

A	D#	B	F#
♭7	3	R	5

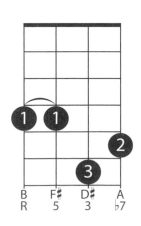

B	F#	D#	A
R	5	3	♭7

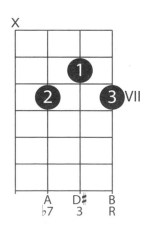

A	D#	B	
♭7	3	R	

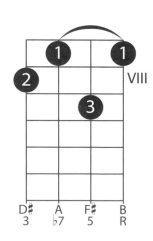

D#	A	F#	B
3	♭7	5	R

B7

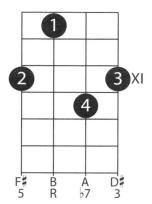

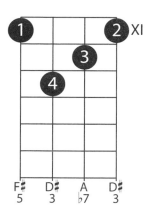

B7sus4

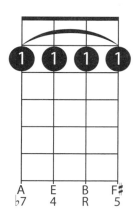

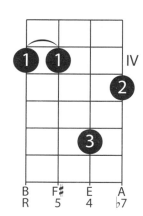

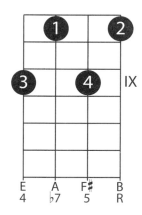

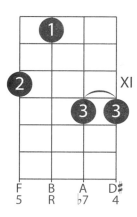

B7♭5

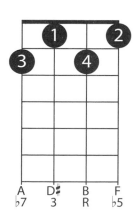

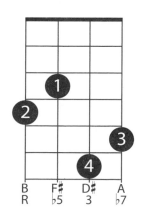

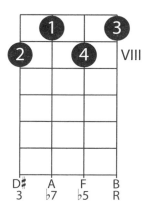

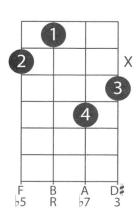

B

B7+

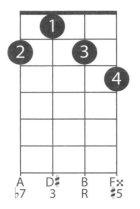

A D# B F×
♭7 3 R #5

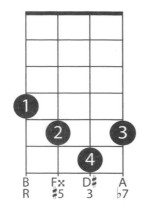

B F× D# A
R #5 3 ♭7

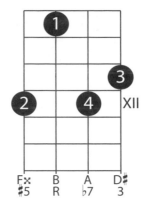

F× B A D#
#5 R ♭7 3

XII

B9

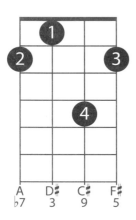

A D# C# F#
♭7 3 9 5

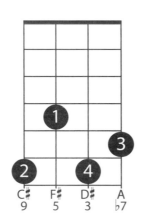

C# F# D# A
9 5 3 ♭7

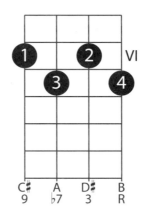

C# A D# B
9 ♭7 3 R

VI

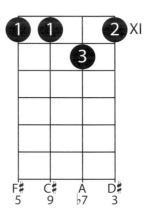

F# C# A D#
5 9 ♭7 3

XI

B9sus4

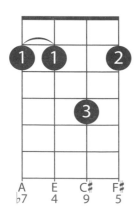

A E C# F#
♭7 4 9 5

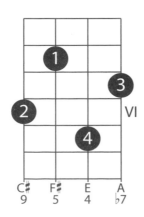

C# F# E A
9 5 4 ♭7

VI

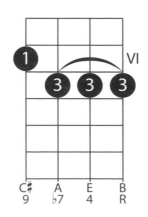

C# A E B
9 ♭7 4 R

VI

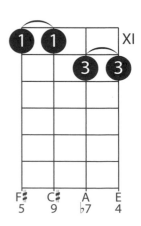

F# C# A E
5 9 ♭7 4

XI

B